飲食店
失敗しない
値上げの
法則25

Mitsuhiko Suda
須田光彦

フォレスト出版

はじめに
——飲食業が不振になる直接的な原因は、客数が少なくて客単価が低いこと

まず下の図1をご覧ください。中小企業庁の「中小企業白書」（２０２１年）で発表された「開業率・廃業率の推移」です。

１９８１年の調査開始より全業種の開業率は下がり、廃業率はほぼ横ばい状態となっています。

業種別の開業率と廃業率の調査結果では、開業率のトップが宿泊・飲食サービス業ですが、何と廃業率のトップも同じく宿泊・飲食サービス業で、どちらも断トツのトップです（３ページ図２）。

ただし、これは２０１９年までの数値です。

図1　中小企業庁の「中小企業白書」（2021年）で発表された「開業率・廃業率の推移」

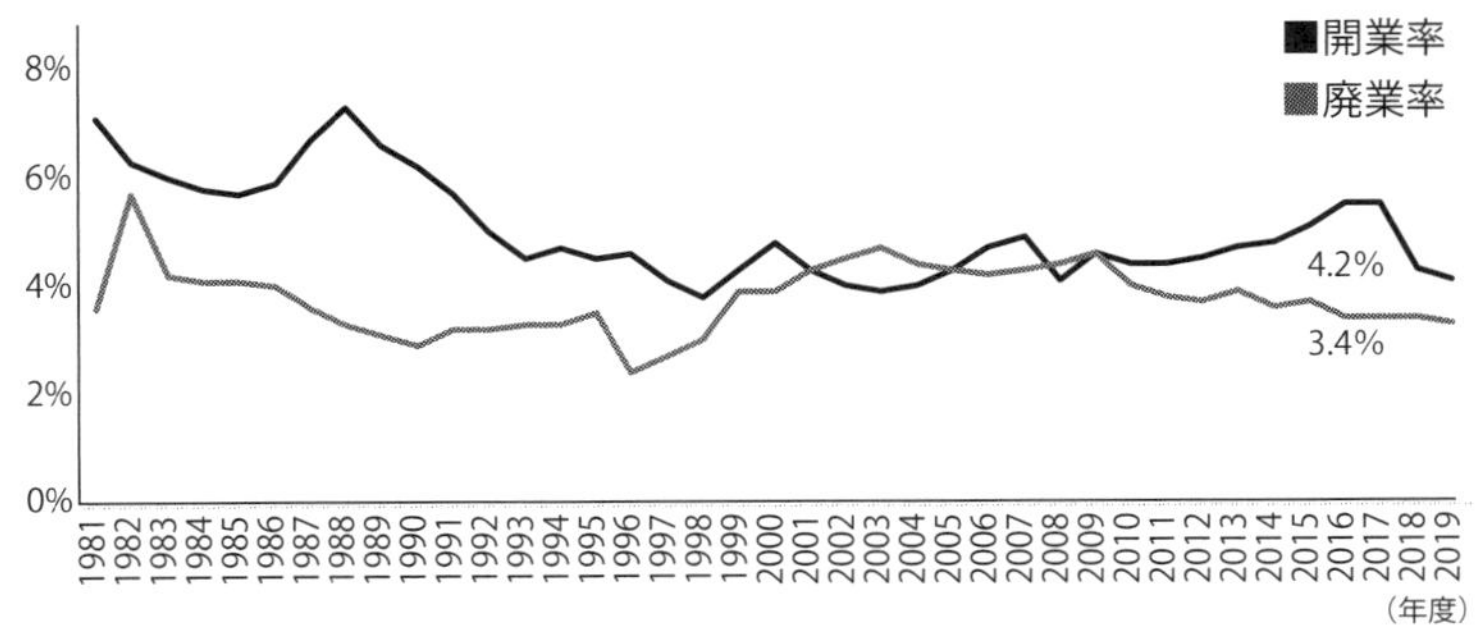

資料：厚生労働省「雇用保険事業年報」のデータを基に中小企業庁が算出
（注）1.開業率は、当該年度に雇用関係が新規に成立した事業所数／前年度末の適用事業所数である。
2.廃業率は、当該年度に雇用関係が消滅した事業所数／前年度末の適用事業所数である。
3.適用事業所とは、雇用保険に係る労働保険の保険関係が成立している事業所数である（雇用保険法第5条）。
出所　https://www.chusho.meti.go.jp/pamflet/hakusyo/2021/chusho/b1_2_3.html

直近のデータでは、さらに衝撃的な数値が発表されています（次ページ図3）。

２０２３年度（４～３月）の「飲食業」倒産（負債１０００万円以上）は９３０件（前年度比57・０％増）と急増し、４年ぶりに前年度を上回った。年度では初めて９００件を超え、過去最多を記録した。また、「新型コロナウイルス」関連倒産は５２９件（同37・４％増）で、飲食業倒産の約６割（56・８％）を占めた。

（東京商工リサーチ「２０２３年度の飲食業倒産、過去最多を更新し９３０件に『宅配・持ち帰り』『ラーメン店』『焼肉店』『居酒屋』が苦境」２０２４年４月10日）

倒産の原因は、いわゆる「不況型」が約90％を占めていました。

細かく見ると「販売不振が原因」とされるものは７６６件（前年度比57・６％増、構成比82・３％）とトップでした。また、「不況型」倒産（既往のシワ寄せ＋販売不振＋売掛金等回収難）は８１７件（前年度比57・１％増）と、９３０件中87・８％とほぼ同じ原因で倒産していることが判明しましたが、実はこの数値は前年度とほぼ同水準です（同前）。

これこそ私の前作『絶対にやってはいけない飲食店の法則25』（フォレスト出版）で述べた「失敗の理由はすべて同じ」ということの表れです。

飲食店の売上を算出する公式は、皆さんもご存じの通り「客数×客単価」です。

図2　開業率、廃業率ともに宿泊・飲食サービス業がトップだが、
　　廃業率のトップも同じく宿泊・飲食サービス業
　　（出所：同前「業種別の開廃業率」）

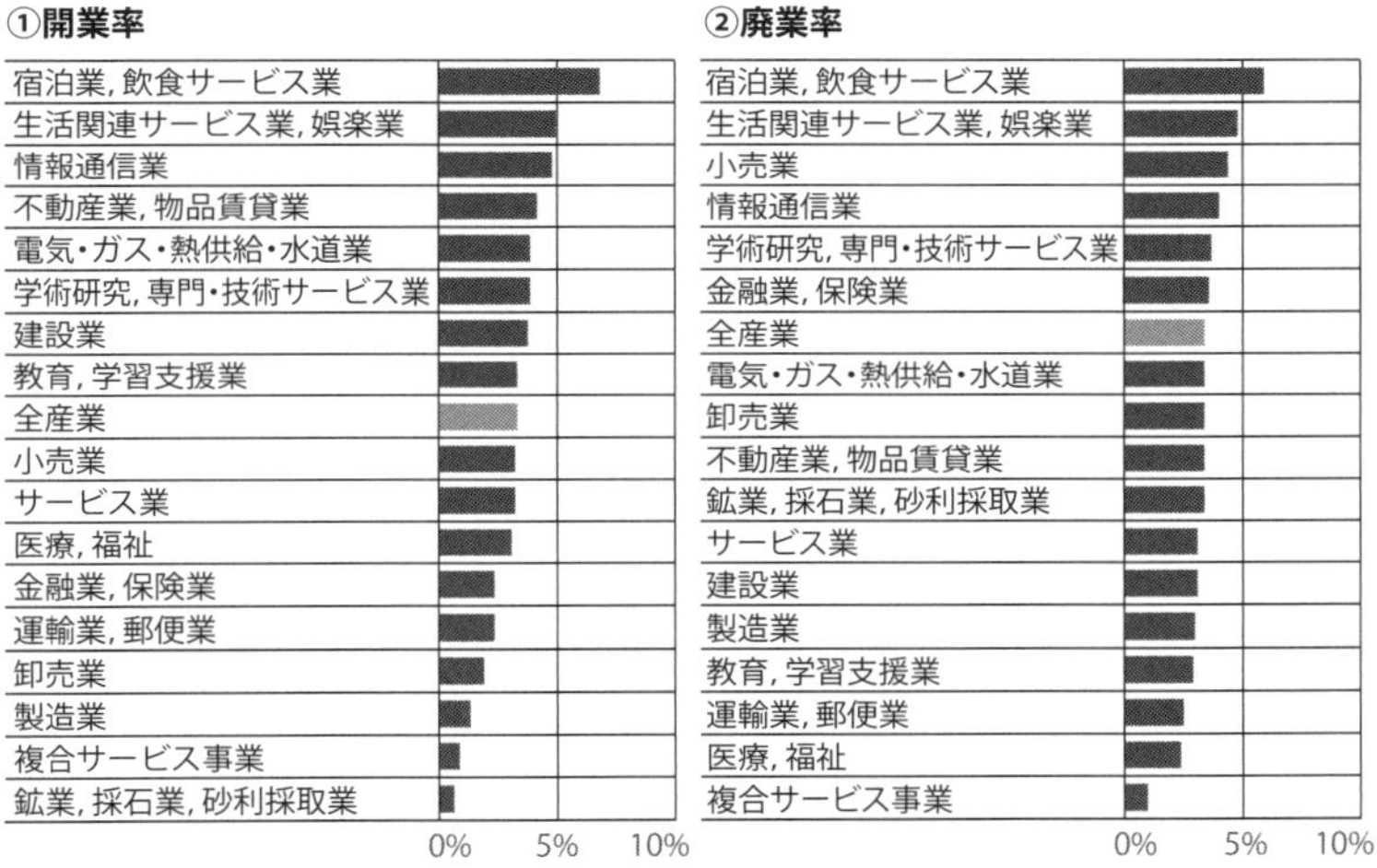

資料：厚生労働省「雇用保険事業年報」のデータを基に中小企業庁が算出
（注）1.開業率は、当該年度に雇用関係が新規に成立した事業所数／前年度末の適用事業所数である。
2.廃業率は、当該年度に雇用関係が消滅した事業所数／前年度末の適用事業所数である。
3.適用事業所とは、雇用保険に係る労働保険の保険関係が成立している事業所数である（雇用保険法第5条）。
出所　https://www.chusho.meti.go.jp/pamflet/hakusyo/2021/chusho/b1_2_3.html

図3　2023年度の「飲食業」倒産は930件と急増した
　　（出所　https://www.tsr-net.co.jp/data/detail/1198501_1527.html）

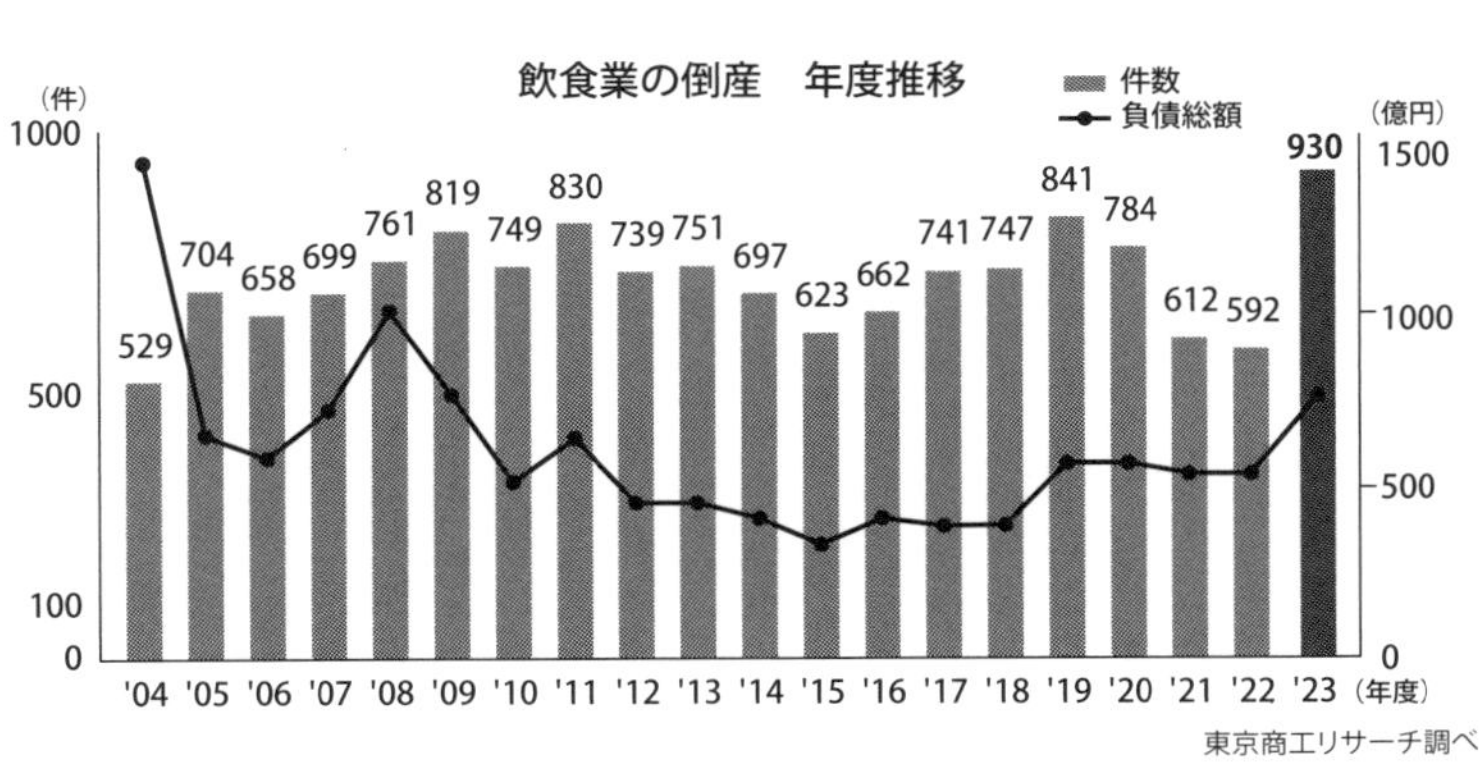

この公式は、飲食店は「圧倒的に客数を集めるか、圧倒的に販売し切るか」で売り上げを獲得するのが飲食ビジネスであると説いています。多くの商品を売り切ることも重要ですが、販売することにより注意を向けるべきで〝売る〟ということを仕組み化することの重要性を説いています。不況型倒産の主な原因である「販売不振」を脱却するためにも、客数を集めるか、客単価を上げるか、もしくは両方を達成するかしかありません。

客数を増やし、客単価を上げるためには何をすべきなのか?

客数と客単価について改めて考えてみましょう。

まず「客数を集める=魅力的なお店として存在する」という構図が成り立ちます。なぜならお店に魅力がなければ、お客さまがそのお店に行く理由が発生しないからです。

そして、「魅力的なお店=客単価が伸びるお店」という構図も成り立ちます。なぜなら、お店の雰囲気が魅力的で料理がおいしければ会話が弾みますし、それにともなって商品の消費数が増え、結果的に客単価も伸びるからです。

来店するお客さまの数が少なくて、客単価が低いお店が繁盛することは絶対にないということです。いたってシンプルな話です。

飲食店経営の理想は、なるべく多くのお客さまにお店の存在と商品を知っていただき、来店していただき、たくさん消費していただき、しかもなるべく高い商品を買っていただくことです。

しかし現実は、お店に魅力がなく商品にも特徴がないため、お客さまのモチベーションを獲得できず、集客がままならないお店がたくさんあります。それどころか、客離れがどんどん進んでしまっているケースすらあります。

その結果、多くのお店が集客を増やすために、やりたくもない値下げをしてしまいます。するとと当たり前ですが、商品の価値が下がります。結果として、魅力のない商品ばかりが並ぶつまらないお店となり、その結果、集客に失敗してしまうという、本末転倒な状況におちいります。これが今の外食産業の実態です。

客数が少なく、客単価も上げられない状態では、売上が上がらずに利益も確保できません。さらに残念なことに、このような不幸な結果を招いてしまっているのは、「自分自身のせい」だと多くの経営者は気づいていません。

特に、開業してある程度の時間が経過しているお店の多くは、コンセプト疲労が極度に進行しており、かわり映えのない商品と店舗の老朽化が、離客に拍車をかけています。

かといって、有効な改善策を打てるわけでもなく、苦しんでいます。

それらの原因は、正しい商品開発の法則と、商品の価格設定の法則を知らないからです。

客数を増やすためには、「商品のビジュアルと文字情報の提供」がキーポイントであり、リピート客になっていただくためには「おいしさと楽しさ、コストパフォーマンスとホスピタリティ」が重要になります。ところが、飲食業をこのようにロジカルに分析し、それを実践している経営者は皆無です。

ほぼすべての経営者が「プロダクト・アウト」の発想（自分が良いと思って開発した商品は必ずお客さまにもわかってもらえる、いつか必ず売れる）のまま、自店の業態と商品に恋をしてしまい、肝心のお客さまにフラれてしまっている状態です。

恋に落ちるべきは消費者であって、商品や自ら考えた業態ではないことに残念ながら気づいていません。

「誰をどのように喜ばせたいのか？」を決めよう

消費者と恋に落ちる「マーケット・イン」の発想（お客さまが欲しいものを提供する）こそが、商売を繁盛させるための絶対法則だということに多くの経営者が気づいていません。「みんな大好き、誰でもいいからやってきて！」という八方美人的な経営をしているお店は、結局のところ「誰にも好かれないお店」「魅力のないお店」「特徴のないお店」となってしまっています。「あなただけを愛している」と言われることの幸せを、普段の生活では誰もが経験しているはずですが、なぜか飲食店の経営となると「みんなが好き！」となってしまい、結果的に誰からも相手にされません。

飲食店を成功させるには、「誰を喜ばせるために業態を作り込むのか」「どのような人にどのようなときに楽しんでいただきたいのか」を考えた上で業態を作って、「だからこの商品なんです」「だからこの価格なんです」というストーリーを語ることで繁盛店化を意図的に創造していくことが重要になります。

そのためには、常にお客さまの心理を感じ取ること、その感情に呼応した商品を提供し続けること、商品の価値を高めて客単価を上げることで、リピートへとつなげて安定した経営に向けた「システムを構築する」ことが重要です。そのために、おちいりがちな経営者の間違った考え方のクセと、業界では常識とか一般的といわれているものの、実は「絶対にやってはいけないこと」などを解説していきます。

本書は絶対にやらなければならないことを分析・解説し、再現性が高く誰もが活用できることを列挙した「値上げの指南本」です。

目次

第2章　ヒットの法則

第3章　メニューブックの法則

第6章 商道の法則

Introduction　これからの飲食店経営に必要な収支構造

飲食店を経営している多くの方には、売上を上げることを強く意識する傾向があります。しかし、それ以上に必要なことは、利益を確保することです。

たとえば、同じ月商４５０万円のお店があったとして、利益率８％のお店と３％のお店では、経営の安定性がまったく違ってきます。

利益率８％のお店は、月に36万円の現金を残すことができるのに対して、３％のお店は13・５万円しか残せません。１年間で４３２万円と１６２万円、５年で２１６０万円と８１０万円と大きく差が開きます。

実際に店舗運営で検証すると、１日の売上が４５００円下がると、利益率３％のお店の利益額は消滅してしまいます。それに対して利益率８％のお店は、１日の売上が４５００円下がったとしても、月に22万円の利益を確保できます。

４５００円とは、客数で考えると３人ほどの数値です。つまり、１日当たりの来客数が想定よりもたった３人少ないだけで、利益がなくなってしまうのが飲食業です。

少し古いデータとなりますが、経済産業省が発表した「商工業実態基本調査」（２００７年）

によると、飲食業界全体における利益率の平均は8・6％だそうです。

一般的に飲食店の理想的な利益率は10％程度といわれており、15％ほど確保できると経営は安定するといわれています。しかし、東証一部に上場している企業でさえ、利益率15％を確保したことがある企業は、コメダＨＤ、ブロンコビリーなど、数社しかありません。上場企業の上位10社ですら、８％から４％程度が実態です。

この残った利益から、税金を支払うこととなります。

店舗ベースの利益率が10％ほど確保できたとしても、税金などを考慮すると実際には５％も残せるかどうかとなってしまいます。

ネットで飲食店経営に関する話題を検索すると、「食材原価を下げろ」「ロスをなくせ」「人件費を削れ」「家賃交渉をしろ」など、とにかく損益分岐点を下げる話題に終始しています。誰も商品価値を上げて、客単価を上げて、売上をアップさせ、額と率で経費を考えることを論じません。

そもそも経費を下げることばかりをやっていて、魅力的な商品、ワクワクする業態、働きがいのある職場を創り上げることができると思っているのでしょうか？

私は、本当に同業者に腹立たしい感情があります。

誰も幸せにならないコスト削減の施策を導入し続けて、外食産業の未来があるとでも思っているのでしょうか？

利益を確保できる収支構造とは?

そこで、私が提唱することは、最終利益を捻出するための商品の在り方と価格の設定を行ない、それを具体的に導入することです。

最終利益の確保こそが、今後の飲食業経営の大きなテーマとなります。

簡単な事例で紹介します。

仮に、月商450万円のお店があったとしましょう。

客数と客単価の公式は次の通りです。

客数3000人　×　客単価1500円　＝　月商450万円

このお店の収支構造は次ページ図1の通りです。

グラフで見るとわかりやすいと思います(図2)。

食材原価と人件費の合計が、65%に達しています。

いわゆるFLコスト(食材原価と人件費)の合計が、飲食業界の基準値といわれる60%を大きくオーバーしており、それが利益を圧迫しています。ただ、これ以上人件費は削れない状況になっています。このお店の課題は、何とかギリギリ利益確保はできていますが、客数か客単価が多少なりとも減少すると、利益確保が困難になってしまうことです。

図1　月商450万円のお店の収支構造

月商	4,500,000	100%
食材原価	1,575,000	35%
人件費	1,350,000	30%
水道光熱費	315,000	7%
販売販促費	135,000	3%
一般販売管理費	225,000	5%
家賃	450,000	10%
返済	225,000	5%
経費合計	4,275,000	95%
最終利益	225,000	5%

→ 計65%（食材原価＋人件費）

図2　月商450万円のお店の収支構造をグラフ化すると……

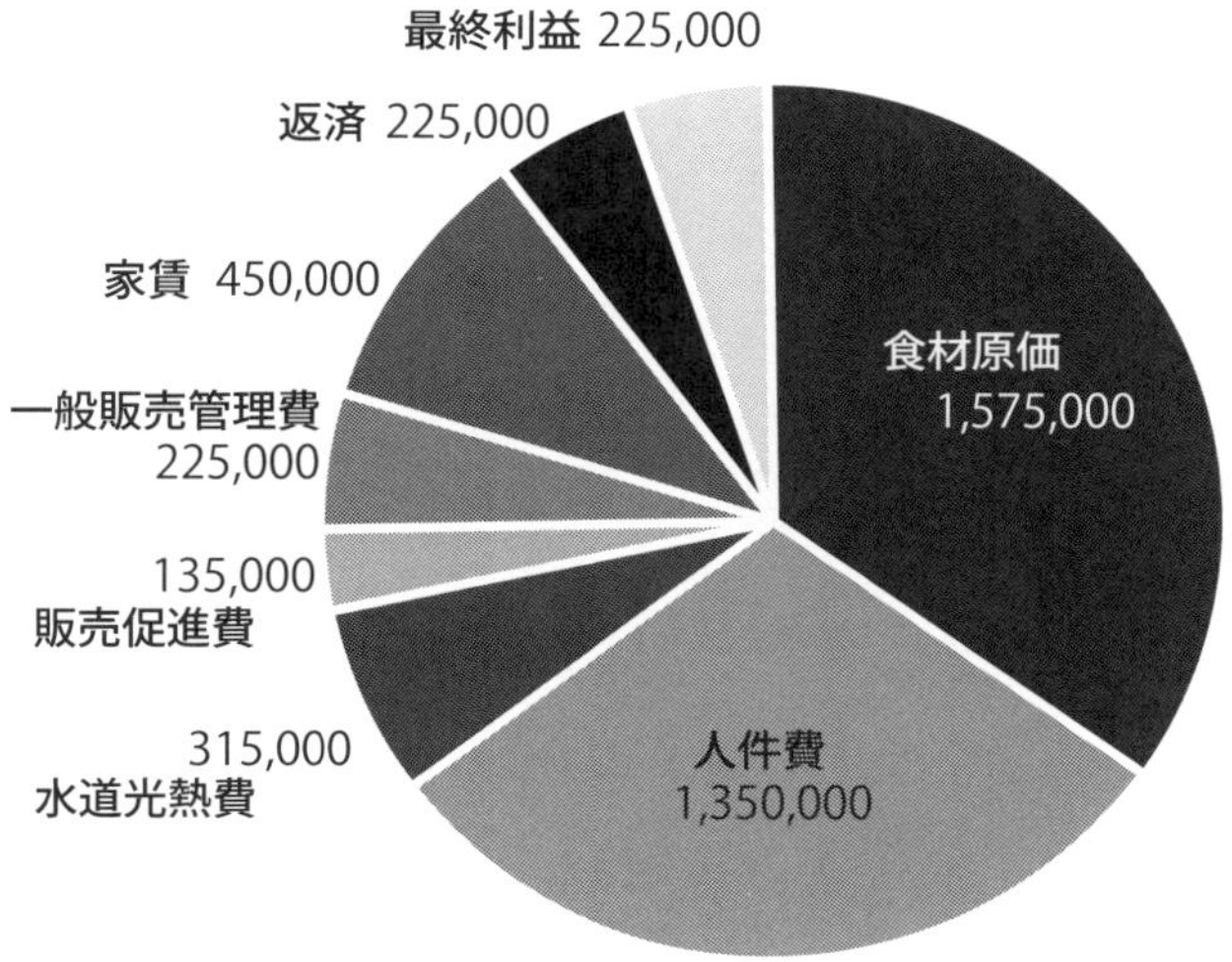

そこで、課題解決のために、本書で解説する「正しい法則」を導入します。公式は次の通りです。

客数３３００人　×　客単価１６５０円　＝　月商５４４万５０００円

圧倒的に価値が高い商品を開発して、客単価を10％上げることを新たな目標とし、お客さまの体験価値の向上を目的とします。その結果、客数が10％増加しました。

すると、改善後の収支構造は次ページ図３のようになります。

グラフで見ると食材原価と人件費の合計の値（ＦＬコスト）が57％と、業界の平均値といわれる数値よりも低いことがわかります（図４）。

食材の原価額は、１５７万５０００円から１６３万３５００円に、月額５万８５００円増加しましたが、原価率は35％から30％に減少しました。

人件費も、客数が増えたことに対応してアルバイトのシフトを厚めにしたので、月額10万円プラスになりましたが、人件費率は30％から27％と３％減少しました。

水道光熱費も仕込み量が増えた関係で月額３万５０００円増えましたが、率は１％下がりました。

家賃は売上に連動していない固定費なので、家賃比率が10％から８％に２％も下がり、理想的な数値になりました。

図3　月商450万円のお店が客単価を10%上げて集客も10%上がったときの収支構造

月商	5,445,000	100%
食材原価	1,633,500	30%
人件費	1,450,000	27%
水道光熱費	350,000	6%
販売販促費	135,000	2%
一般販売管理費	225,000	4%
家賃	450,000	8%
返済	225,000	4%
経費合計	4,468,500	82%
最終利益	976,500	18%

（食材原価＋人件費）→ 計57%

図4　図3の円グラフ。FLコストは57%で業界平均値よりも低い

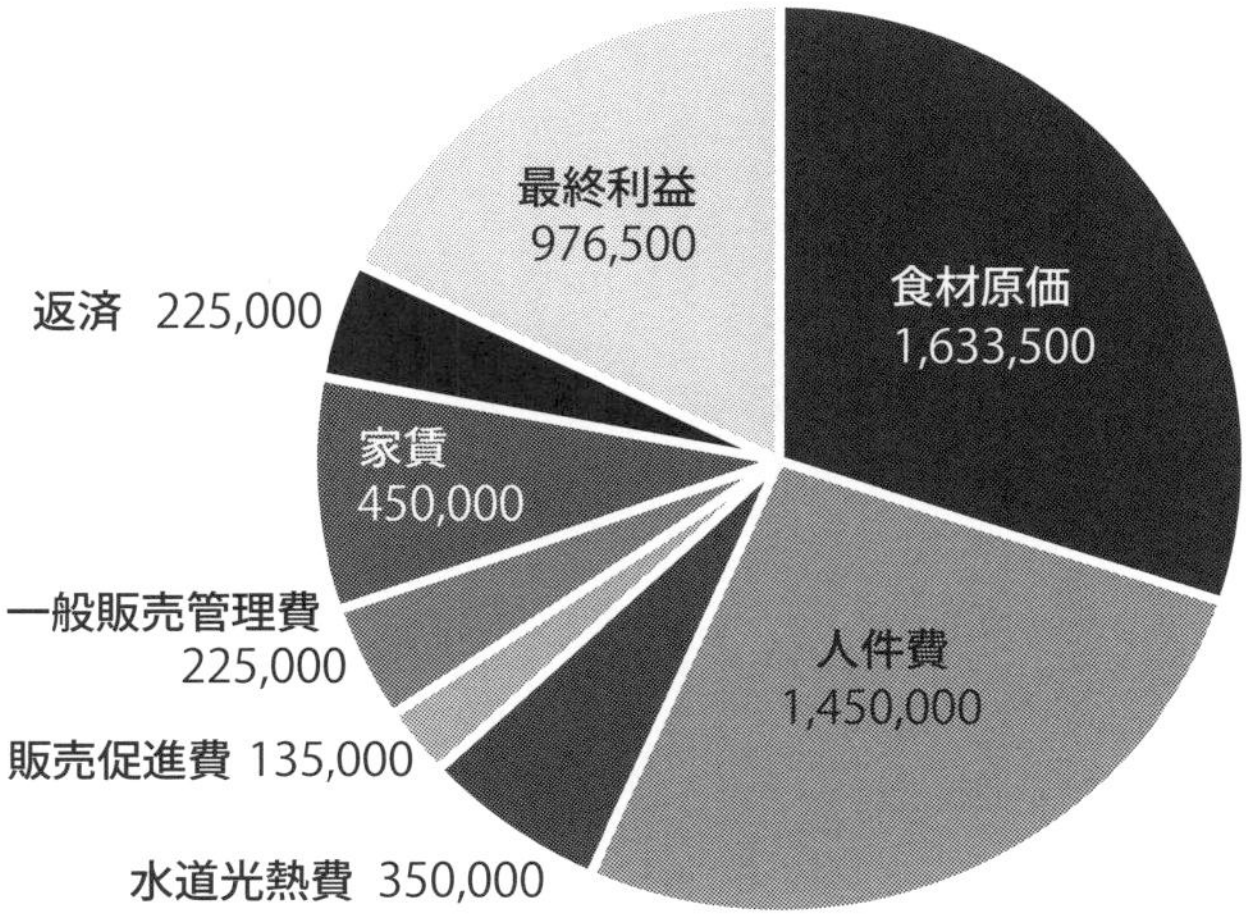

返済額も固定費なので、返済比率が5％から4％になり1％下がりました。最も数値が変化したのは、利益項目です。

月の利益額が22万5000円から、97万6500円と4倍以上に増額しました。経費の合計額が増加したのにもかかわらず、利益額の増加額がそれらを凌駕しました。

これが、これからの正しい目指すべき収支構造です。

冒頭で紹介した売上から経費を削って、その下がった分を利益として捻出するのではなく、そもそも客数を増やして客単価を上げて、お客さまに楽しさを提供することでビジネスとして成功することを考えるのです。

経営者も従業員も、お客さままで巻き込み、すべての人が我慢することで、利益確保を成立させているのが、今の経費を削るやり方です。もし、このやり方が正しいというのであれば、なぜ、外食産業はこんなにも苦しんでいるのでしょうか？

答えは単純明快です。

このやり方が間違っているからです。飲食業の経営の実態を知らない会計士や似非《えせ》コンサルタントが、聞きかじりのもっともらしいことをしたり顔で語っているから、この嘘が蔓延して罠にかかってしまい、業界全体が苦しんでしまっています。実態は、利益を確保できている飲食店は、極わずかしかないということです。

経費削減は地獄への片道切符

必要なことは、経費をかけてでもお客さまを喜ばせて、客数を伸ばして、客単価も上げて経営を健全化する――これが唯一正しいやり方です。

しかし一方で、これまでの間違った考え方のまま、施策を導入してしまったお店が後を絶ちません。

たとえば、先ほどのお店が10％値下げして、集客増を狙ったものの、商品価値が下がったせいで、かえって客数が減ってしまったとすると、次のようになります。

客数2800人　×　客単価1350円　＝　月商378万円

月商は400万円を大幅に下回り、84％まで減少してしまいました。

こうなると、当然ながら収支はマイナスに転落してしまいます。それにもかかわらず会計士や似非コンサルタントは、「経費をもっと下げろ」「なぜこんなにも原価率が高いんだ」「社長、真面目に取り組んでください！」と、経営者に詰め寄ります。

経営者も、ほかの手法を知らされていません。また、収支を見ると確かに原価率が36％と高いので、現場に行って大声で叫びます。

「もっと原価率を下げろと言ってるだろう！」

そして、大切な社員が辞めていってしまいます。残念ながら、似たようなことが現在の外食産業には蔓延しています。絶対にやってはいけないのが、このような収支構造を創り上げることです（次ページ図５）。

食材原価が下がったものの、客数も減ったので販売数が落ち込みました。その結果、原価額は大幅に減少しましたが、原価率は36％と以前よりも高くなってしまいました。さらに、人件費をかけられないので、アルバイトを１人削った悪影響が顕著になります。お客さまを細かくサポートできなくなり、離客に拍車がかかります。

円グラフ（図６）を見ると、利益額がマイナスで表現されてしまっています。

経費を削れるところは削って対応しましたが、当然ながら限界があります。それでも、集客のために販促費を投資してがんばりましたが、投資倒れとなってしまい、かえって利益を削る結果になってしまいました。

固定費である家賃と返済額の合計が18％と大きな経費負担となっています。これでは健全経営は難しくなります。

こんな状況下であっても、月額15万円ほどの持ち出しなので、経営者は「まだ、何とかなる、この苦境を乗り越えれば何とか挽回できる」と考えています。

しかし、状況は改善することはありません。客数の減少を食い止めることができなくなり、客数の減少が進み、それに連動して月商は下がり続け、マイナスを補填するための持ち出し額は、ますます増加していきます。

図5　値下げしたせいで収支構造が悪化、利益はマイナスに……

月商	3,780,000	100%
食材原価	1,360,800	36%
人件費	1,250,000	33%
水道光熱費	300,000	8%
販売販促費	150,000	4%
一般販売管理費	200,000	5%
家賃	450,000	12%
返済	225,000	6%
経費合計	3,935,800	104%
最終利益	**－155,800**	－4%

図6　図5の円グラフ。原価額は36%と悪化

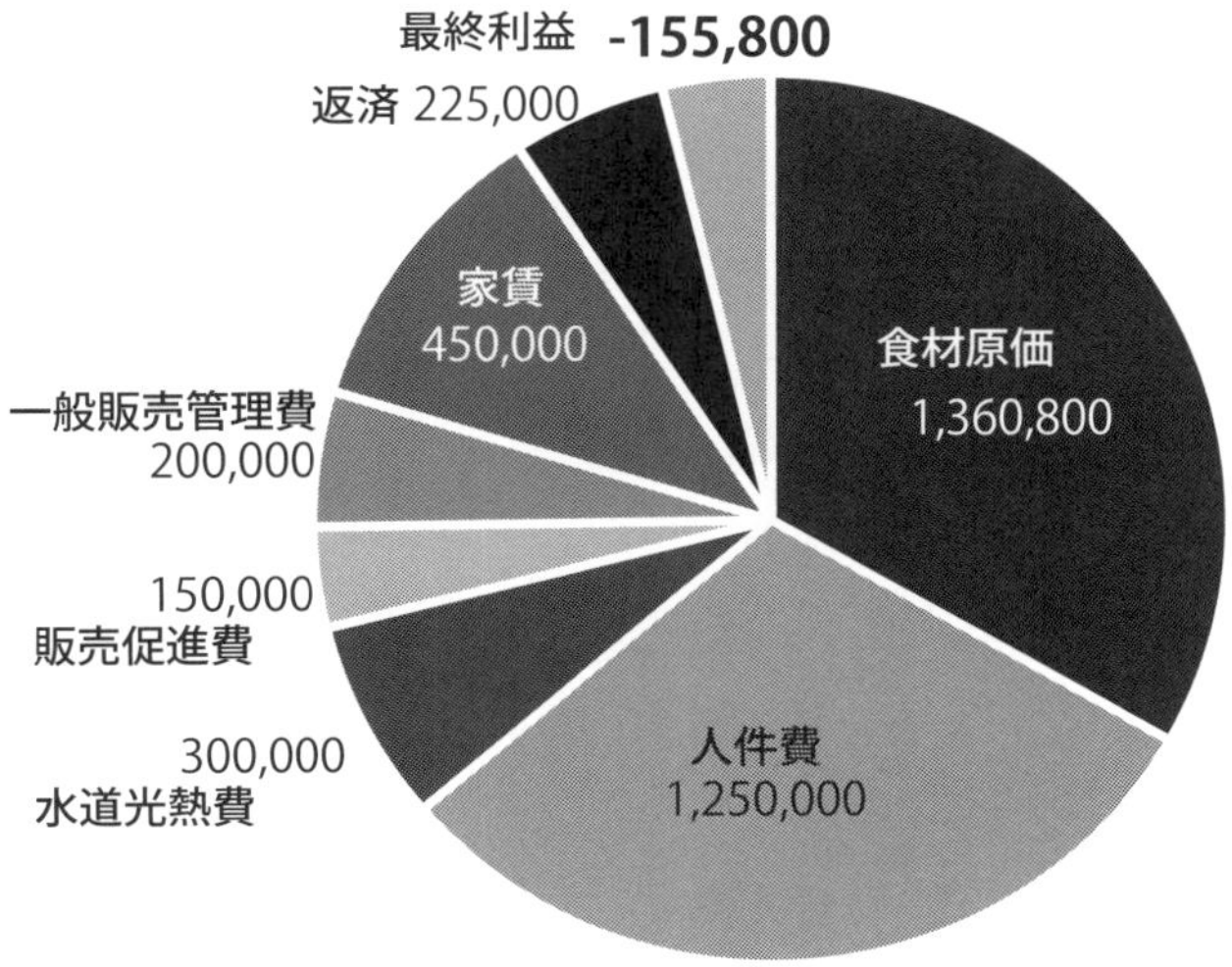

すると悪いことに、客数が伸びないのは、商品単価が高いからだと安易に考えてしまいます。価値を上げることよりも、メニューブックの数字の上にシールを貼ることを選んでしまいます。８８０円の売価の上に７８０円のシールを貼って、もっと売価を下げてしまいます。一番簡単な、すぐやれる施策に飛びつきます。

そうです、こうやって地獄への堂々巡りを、自ら創り上げていきます。そして、とうとう限界がやってきて、強制終了となってしまいます。

こうならないために、本書では、望む結果を自ら創り上げていくための、正しい25個の法則を紹介します。

第1章

商品と価値の法則

法則1

間違った値下げの法則

「お客さまは安い商品を望んでいる」は致命的な勘違い

POINT

- 65%以上のお客さまは、安い商品ではなく、「価値のある商品」を求めている
- 単に値下げしても思い通りの集客増加にはつながらない。経営が苦しくなったり、スタッフから不満の声があがることも……
- 高い価値のある商品を創造して、売価を上げることで、客数頼み、集客依存から脱却する

値下げしても業績が回復しなかった外食大手

古くから飲食店の理想像を表現する、有名なキャッチフレーズがあります。吉野家の「うまい、安い、早い」です。客数を増やすためには、この「うまい、安い、早い」という3種の神器を使うのがベストだと、間違って認識されてしまいました。

実はこのキャッチフレーズは時代とともに変化しています。1970年代は「早い、うまい、安い」です。創業時は「早さ」と「うまさ」が重要な集客ポイントだったわけですが、経営破

綻し創業者の松田氏が吉野家を去った１９９０年代に「うまい、早い、安い」と「早さ」よりも「うまさ」に集客ポイントが変わりました。さらに２０００年代には「うまい、安い、早い」となり、集客ポイントは「うまさ」と「安さ」に変わり、現在に至っています。

出所：プレジデントオンライン「かつての吉野家の売り文句が『うまい、安い、早い』ではなく『早い、うまい、安い』だった深すぎる理由」（https://president.jp/articles/-/62704?page=1）

２０００年代はバブル経済が破綻し、「失われた10年」といわれていた頃です。日本経済は疲弊し切っていました。そんな中２００１年に突如「牛丼戦争」が勃発します。それまで吉野家は４００円だった牛丼並盛を一気に２８０円に下げ、先に値下げした松屋よりも10円安くしました。これがきっかけで外食デフレが勃発し、安さが集客の重要な要素となりました。

牛丼大手を皮切りに、マクドナルドがハンバーガーを２００円から最低59円にまで値下げ、すかいらーくが「すかいらーく」から低単価業態の「ガスト」に転換、サイゼリアも大幅な値引きを実施し、ニュースで盛んに外食チェーン店の値下げが報じられました。

しかし、ここで大きな疑問が出てきます。もしお客さまが安さのみを重視するのであれば、これらの企業の業績は値下げを機にV字回復したはずですが、現実は違いました。その証拠に２０１４年にマクドナルドのトップ藤田 田氏は１７０億円（当時）の赤字を回復させるために値上げに踏み切ります。記者会見で「デフレは終わった」と発言し、その後、赤字脱却を果たします。
誰が値上げを言い出すかを、各企業がけん制し合っていたときです。値上げに踏み切ると客離れが進行するのではないかという懸念から、みんなが一度値下げしてしまった価格を元に戻すことができなかったときに、藤田さんは断行しました。これで外食産業が救われたのかもしれません。
すかいらーくの創業者、横川竟氏は、あるインタビューで次のように語っています。

「平成の時代に安売りをして、外食は安いというイメージをお客さんに植え付けてしまった。外食業界は付加価値を高める挑戦を怠り、低価格という楽な方に走った」

出所：プレジデントオンライン「ハンバーガーは２１０円↓65円に…そんな無謀な価格競争が今の飲食業界に残した〝痛すぎるツケ〟」（２０２２年12月31日　https://president.jp/articles/-/64804?page=3)

「僕に言わせれば、安く売ることが一番楽なんです。『価値をつくる』ことより、『価格を安くする』方が楽なんですよね」

出所：日経ビジネスオンライン「すかいらーく創業の横川竟氏『外食の安売りは僕の反省でもある』　外食に未来はあるか（８）」（２０２２年8月30日　https://business.nikkei.com/atcl/gen/19/00100/083000062/）

日本を代表する大手企業でさえ、集客のためと古い常識に固執して「間違った値下げ」で大打撃をこうむりました。その後、各社は値上げに踏み切り、業績を回復していきました。

実は、**低価格で集客ができたのは1980年代で終了しています。**人口が増加し所得も増えていった1980年代がピークで、それ以降の値下げは必要悪でしかありません。

短期決戦的なフェアなどにおいては値下げ販売は集客力を増しますが、長期的に行なうと致命傷になります。短期決戦といっても、値引き販売でやって来るお客さまは、価格優位性を重視する方が大半です。値下げされ安くなっているから来店しているだけで、価格が通常に戻ればお店にはやって来ない、本来の顧客層から外れた方々です。

安売りは本当に求められているのか？

ここで改めてうかがいます。安売りはお客さまが本当に望んでいることなのでしょうか？

ここに野村総合研究所が3年ごとに行なっている「生活者1万人アンケート調査」のアンケート結果があります（次ページ図1－1）。アンケート結果では、「安い商品がいい」と言っている消費者はたった24％です。しかも2000年には40％もいた安さ重視層は2015年以降24％のまま推移しています。

しかも、そのうちの70％は20代の若者です。当然のことながら、20代の若者は所得が低く経

図 1-1

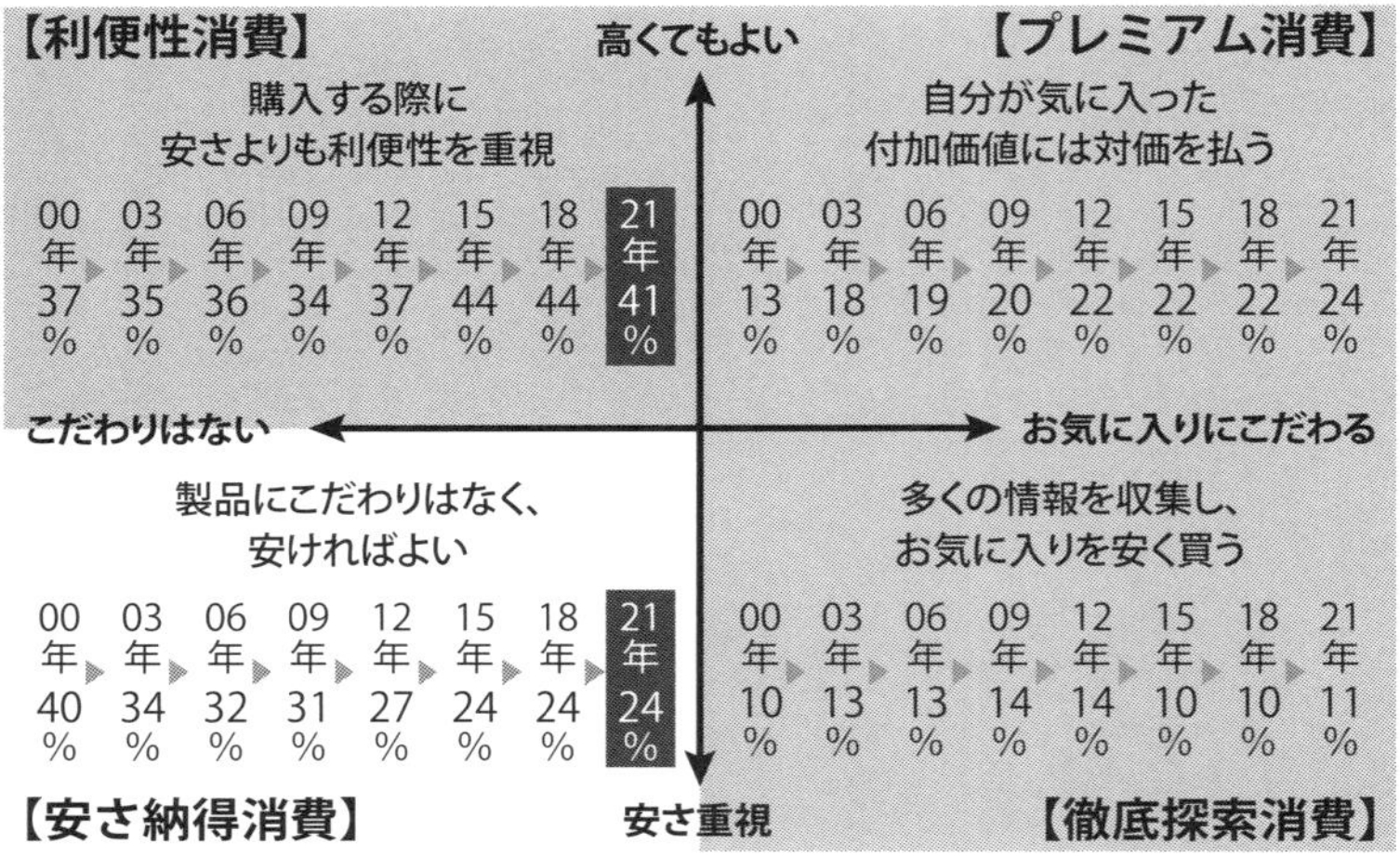

出所：NRI「生活者１万人アンケート調査」（2000〜2021年、3年おき）

済的に豊かではないので、「安さ納得消費」になるのは十分に理解できます。

それよりも重視すべきは、**65％以上のお客さまは価値のある商品を求めている**という現実です。すかいらーく創業者の横川竟氏がインタビューで語ったように、経営者は消費者により高い価値を提供する手法を学ぶべきです。そうは言っても、値下げ販売の危険性を理解していないと「お前が言っているだけだろう」となるでしょうから、数字で説明します。

値下げが売上と利益に及ぼす悪影響

ここではわかりやすくするために、既存売価１０００円の商品を１日１００食販売している想定で算出してみました。売上額は次の通りです。

売価：１０００円　×　販売数：１００　＝　売上額：10万円

利益額ではどうでしょうか？　原価額を３００円と想定すると次の通りです。

１食当たりの利益額：７００円　×　販売数：１００　＝　利益総額：７万円

仮に販売額を10％値下げして９００円にしたとしましょう。もちろん商品と原価はそのままの状態で、売価だけを10％値下げして９００円で販売します。

これで売上10万円をキープしようとすると次の計算式になります。

売価：９００円　×　販売数：１１２　＝　売上額：10万８００円

おわかりですね。値下げ前と同じ売上額を維持するためには、客数は１１２人にならないといけません。ところが、多くの方は10％値下げしても客数が10％増えればトントンだと考えてしまいます。ご覧のように客数が12％増加しないと同じ売上額にはなりません。

利益額も検証します。売価を９００円に下げて原価額は従来通り３００円なら、１食当たりの利益額は600円です。値下げ前と同じ利益額7万円にするための計算式は次の通りです。

1食当たり利益額：600円　×　販売数：117　＝　総利益額：7万200円

必要な客数は何と117人になります。

さらに、最悪の事態になったときを考えてみましょう。何らかの原因で客数が減ってしまったら、売上はこうなります。

売価：900円　×　販売数：90　＝　売上額：8万1000円

利益額はもっとひどいことになります。

1食当たり利益額：600円　×　販売数：90　＝　総利益額：5万4000円

値下げをして、想定した通りに客数が増えればよいのですが、予想が外れて客数確保に失敗すると悲惨な状況におちいります。

値下げして客数が増加したときのリスク

値下げしても客数はあまり増加しないのが現実です。

たった10％値下げしたところで、反応するのは先ほどのデータで示した24％の価格優位性を重要視する顧客だけです。しかも都心のビジネス街のランチであれば、実際には18%程度の消費者しか反応しないことは数値で明らかになっています。

これまでの利用客100人の中に20代が25人いたとします。この25人を基準として、25人にプラス18%の20代の人を新規に獲得できたとしても4人程度。すると104人が実数と考えてもおかしくありません。いかがでしょうか？　これでも値下げで集客したいですか？

売価を下げることの問題点は、数字面だけではありません。どちらかというと、次にお伝えすることのほうがマイナスです。まず、値下げ前にはたいてい告知します。これにも経費がかかります。そしてこれまでは100名のお客さまを接客すればよかったのに対して、（想定通りに客数が増えた場合には）値下げ後は117人を接客することになります。

人件費を考えるとスタッフを増やすのはきつい。すると、当然ながらスタッフ1人当たりの作業量は増えますし、疲労度も上がり、ストレスも増加します。結果、スタッフが離職する可能性が高まります。もしくは、時給アップを要求されるかもしれません。

さらに怖いのは、客数増にお店のオペレーションが対応できないことです。

それまで100人分だった仕込み量が117人分に増え、その分、厨房の仕事量が増えます。また、ホールも毎日117人を接客するので、当然サービスの質が低下するでしょう。さらに、従来と同じ時間内に117人を回せるだけの席効率と回転率が確保できるかが大問題です。席効率と回転率を上げる方法を知らないと、増加した客数をすべて取り込むことができません。来店していただいてもお断りすることになります。最もあってはいけない、お客さまの期待に応えられない状況におちいるのです。実は**値下げすることで一番怖いのは、お客さまの期待に応えられない状況を作り出し、お客さまに嫌われてしまうことです。**

これでは本末転倒です。お客さまをたくさん集めるために値下げしたのに、実際は仕入れ額が増え利益が減り、スタッフは疲弊し離職が発生し、お客さまには嫌われ、売上は激減する——これが値下げによる最悪のシナリオです。

実際、こんな状況は巷にあふれています。集客に費用をかけて、実際にお客さまが多く来店しても対応できず、クレームが増加し、やがてお客さまに見捨てられる——そんなことが日々発生しています。

つまり、「お客さまは安い商品を望んでいる」は非常に危険な考えです。**必要なことは価値を創造して、売価を上げて客数頼み、集客依存から脱却することです。**これからの飲食業の経営者に必要な考え方は、今売れている良い商品の良い部分をよりいっそう際立たせて価値を高め、その高付加価値商品を適正売価で販売することです。

法則2

コストパフォーマンスの法則

コスパ向上と単なる値下げはまったくの別物

POINT

- ！ 商品の価値がそのままで値下げだけしてもコストパフォーマンスは向上しない
- ！ 数字の率と額の関係を正しく理解することで、コストパフォーマンスを向上できる
- ！ 売価を上げても、それ以上の商品価値を提供することでお客さまは納得する

安易な値下げは自分の首を絞める

昨今、多くの飲食店関係者から頻繁にコストパフォーマンスについて質問されます。「コスパの高さ」は、お客さまを呼び寄せる大きなポイントとなることは事実です。ＳＮＳやネットの口コミで「コスパがすごい！」とよく見かけます。実際にミヨシトレンド研究所の調査結果によると、全業態のあらゆる価格帯でお客さまが重要視しているのは「コストパフォーマンスの優位性」でした。

出所：ミヨシトレンド研究所「消費者意識からひも解く２０２４トレンド予測② ～パフォーマンスを重視する消費者が求める商品とは～」（https://mmp.miyoshi-yushi.co.jp/next-food-lab-post/trend_forecasting_2024_2/）

お客さまを惹きつけるためのコスパ向上はもはや必須です。

ただし、ここに大きな問題があります。コストパフォーマンスという言葉だけが、独り歩きをしています。コストパフォーマンスの本質を理解していない経営者が巷にあふれています。彼らは間違った値づけをし、自らの首を絞めて苦しんでいます。

コストパフォーマンスの向上と〝無策な値下げ〟はまったく別物です。 しかし、残念なことに両者の違いを理解せずに単に値下げをしているケースがあふれています。「コスパを上げるには値下げすればいい（商品の価値をそのまま維持して値段だけを下げれば相対的にコスパが上がる）」そして「コスパが上がれば、お客さまがたくさん来店してくれる」と短絡的に考えるからです。残念ながら致命的な勘違いです。自らをデフレ地獄に落とし入れています。

私は個別コンサル、セミナーなどさまざまなところで「**絶対に自らデフレを引き起こさないでください。安売りは百害あって一利なしです**」とお伝えしています。

安易な値下げはお客さまに不信感を抱かせる

コストパフォーマンスは価格と価値の相関関係で成立します。 商品価値がそのままで単に価格だけを下げてもコスパは上がりません。お客さまには単なる値下げとしか映りません。
たとえば、今まで1000円で提供していた商品を、ある日900円に値下げしたとします。すると、お客さまからは「900円にできるなら、そもそも今までの値段は何だったんだ？900円のものをこれまで1000円で売って暴利をむさぼっていたのか？それとも品質を下げたり量を減らして値下げしているのか？」などと勘ぐられてしまいます。

これは非常に危険なことです。実際に、2001年に牛丼戦争（25ページ）が勃発したときには、「肉の品質が下がった」「肉の量も米の量も減った」「米が格段にまずくなった」など、ネガティブなウワサと憶測が飛び交いました。その結果、お客さまの間に不信感が広がり、客数が伸び悩んだ上に企業に対する信頼度も低下しました。お店としては「出血大サービス！」という想いで、必死の覚悟で値下げしたにもかかわらず、お客さまに疑われました。

皆さんもある日突然「10%値下げする」と言われたら、「裏に何かある」と思いますよね？あるいは、スーパーやコンビニに行ったとき、価格はあまり変わらず、軽微な値上げに抑えているように見せかけて、実はポーション（量）が減っているのに気づいたことはありませんか？そして「実質的な値上げじゃないか！」と憤慨したことはありませんか？

こうした「ステルス値上げ」の代表格がポテトチップスです。某社のポテトチップスは、

1975年当時は90グラムで100円程度で販売されていましたが、現在は60グラムが135円で販売されています。ポーションは66%に低下、価格は135%の上昇です。1グラムあたり1・1円から2・25円と、何と2倍以上の値上がりです。しかし、販売価格は35円アップにおさめられており、「それほど値上げはしていませんよ」とメッセージを出しています。確かに企業努力の一環ですが、お客さまを煙に巻いているようにも感じます。

多くの経営者は、これと似たような間違ったことをしてしまいます。この施策の根本的な誤りは、商品の品質向上に努力せずに、楽な値下げに走っていることです。

そもそもコストパフォーマンスは、商品価値の向上と価格戦略が相まって初めて優れたものになります。改めて断言しますが、コスパ向上と値下げはまったく別物です。

1000円の商品を900円にすることが、コストパフォーマンスを上げることではありません。1800円の価値を感じさせる商品を1480円で売るから「コストパフォーマンスがすごい!」と感じるのです。あくまでも価値と価格の相関関係で成立するのです。

均一価格の低価格居酒屋業態はなぜ消えた?

ここで最もやってはいけない、コストパフォーマンスを上げる手法を紹介します。皆さんは絶対にやってはいけません(とはいえ、すでに多くの経営者がこれをやってしまっています。だから外食産業は衰退してしまい、魅力と夢のない業界になってしまいました)。
それは、売価を下げるために原価を下げることです。当然、商品価値は大幅に下降します。その結果、安いけれどそれ以上に貧相な商品が出来上がります。お客さまが「おっ、これ安くていいじゃない!」と思ってオーダーすると、あまりに貧相な商品が出てきてびっくりします。そして「お金は出すから、もっとマシなものを出してよ!」と怒りを感じます。

かつて均一価格の低価格居酒屋業態が世に乱立しました。きっかけは鳥貴族の成功です。鳥貴族が焼き鳥を統一価格の低単価で販売して圧倒的な結果を残したことにヒントを得て、統一価格・低単価商品提供という業態が誕生しました。一時は一世を風靡し、同じ業態のお店が増えましたが、嘘のように短命でした。

この業態を展開していたのは上場企業ばかりでした。彼らが企業力を総動員して価格調整した結果、ブームになったものの、あっという間に世間から嫌われてしまいました。原因は、価格以下の価値の商品しか提供しなかったために、お客さまが憤慨したからです。

これほどわかりやすい事例があるにもかかわらず、今も多くの経営者が間違った手法を取り入れてしまいます。理由は「値下げするには原価を下げてでも対応するしかない」という間違った常識が蔓延しているからです。こんなことを言うと、「そんなの当たり前だろう! 安くするためには原価を下げるしかないだろう! 原価を下げないとウチが損をするだけだろう!」

という声が聞こえてきそうですが、それでもあえてお伝えします。

あなたのその考え方と感じ方が間違っています。だから欲しくない結果を自ら創り出しているのです。そもそも「経営が苦しい」「お客さまがやって来ない」のは、あなたの間違った考え方と感じ方が原因です。

私は本当に不思議でたまりません。なぜ、自分が苦しくなり、お客さまを喜ばせることもできなくなり、原価を下げて価値を落として、下がった原価率ほどは売価を下げることをしないで、コストパフォーマンスを上げた風に装う――なぜ、お客さまをだますようなことをして、売上と利益を上げようと考えるのでしょうか？　価値の低い商品に、どうしてお客さまが喜んでくれるなどと考えてしまうのでしょうか？

正しいコストパフォーマンスの上げ方

商品の価値を下げてまで安価な商品を提供することがコスパを上げることではありません。

価値の向上と適正売価の正しい設定法、真のコスパ向上法を学ぶべきです。

数字で説明しましょう。

あらかじめ覚えておいていただきたいのは、常に数字は率と額の両方で把握するのが重要だということです。たとえば、**原価額が上がっても原価率を下げることはできますし、利益率が下がっても利益額を上げることも可能です。**この率と額の関係を正しく理解することで、コストパフォーマンスを向上させることができます。

仮に、売価1000円、原価率30％で原価額300円、利益率70％で利益額700円の商品があったとしましょう。

売価：1000円
原価額：300円
原価率：30％
利益額：700円
利益率：70％

この商品のコストパフォーマンスについて分析します。仮に100円値下げしたとすると次のようになります。

売価：900円
原価額：300円
原価率：33％

利益額：６００円
利益率：67％

原価率は30％から33％に上がり、利益額は７００円から６００円に下がりました。利益率はわずか３％の下降ですが、利益額は1品当たり１００円も減ってしまいます。ここで間違ったコスパ向上の手法を取り入れると次のようになります。

売価：９００円
原価額：２７０円
原価率：30％
利益額：６３０円
利益率：70％

売価の減少にともない原価額も同率で下げています。原価を下げるために行なう手法は「ポーションを下げる」「品質を下げる」の２つだけです。

まずポーションコントロールをして、量を減らせる要素を探ります。

次にもっと安い食材は何かを必死に探したり、仕入れ先に圧力をかけて値引き交渉をします。するとと当然ながら仕入れ先も企業努力をして安い食材を持ってきてくれますが、仕入れ値の下降率よりも品質の下降率が大きい食材を持ってきます。当然です。仕入れ先も商売なので自分の利益を確保しようとします。これを理解せずに、無益な値引き交渉をする経営者や仕入れ担当者は残念ながらたくさんいます。

でも右の数値をよく見てください。原価額は30円しか下げられませんが、利益額は70円も減っています。しかも、商品がどれほど貧弱になったかを想像してください。この程度の売価で原価を30円も下げると、相当に貧弱な商品になってしまいます。

それに対して、正しいコストパフォーマンス向上法にのっとって考えると次のようになります。

売価：1480円
原価額：370円
原価率：25％
利益額：1110円
利益率：75％

売価を下げるのではなく、上げるのです。これは常識とはまったく逆の考えなので、ほとんどの経営者が抵抗感を抱くでしょう。

しかし、原価が300円から370円になるだけでどれほど商品の価値を上げられるでしょうか。この本をお読みの皆さんならご理解いただけると思います。

原価を70円も上げられるのなら、どれほど素晴らしい商品が創造できるか。ワクワクしませんか！　**これからの飲食業に必要なのは、お客さまを感動させるために自らが高い価値を創造し、ワクワクするような商品を開発することです。**売価が上がっても、それ以上の価値を感じられる商品に仕立て上げ、お客さまが「えっウソでしょ、この価格でこの内容でいいの!?　これコスパ半端ないね！」と感じさせることです。

もちろん、高くなったと感じさせないテクニックを導入することが大切になります。これについては、のちほど詳しく解説します。

法則3

数字が持っている説得力の法則

「世間の相場」に流されて安売りしない

POINT

- 人は誰でも商品に対する価格のイメージ（暗黙の標準値）を持っている
- いくら良い商品を作っても、「何となく」の価格設定ではお客さまに届かない
- 高付加価値の商品を売るためには「数字が持っている説得力」を逆手に取る

そもそも商品の適正価格は誰が決めるのか？

「人は誰でも商品に対する価格のイメージを持っている」ということをご存じでしょうか？実はお客さまはそれぞれの商品に対する金額の基準をすでに持っています。

たとえばラーメンなら800円くらい、かけそばなら500円くらい、お寿司なら1200円くらい、とんかつなら1500円くらいなどとイメージを持っています。

多くの飲食業界の関係者は、こうしたお客さまの価格イメージを理解しています。だから、商品を開発するときも「この商品は1000円以上だと売れないよ！」「そんな値段で誰が買

うの⁉︎」など、お客さまの価格イメージにもとづいて商品の売価をイメージします。「世間相場という暗黙の標準値がある」というわけです。

しかし、その結果、原価額が売価イメージに制約され、発想も限定されてしまい、どこにでもあるつまらない商品を開発してしまいます。

暗黙の標準値が存在するのは事実です。

たとえば、1000円という価格を考えてみましょう。うどんだと1000円はちょっと高いと感じませんか？　でも同じ小麦の麺料理のパスタならどうでしょう？　適正に感じませんか？　むしろ「少し安い」とさえ感じませんか？

また、同じうどんであっても、家族経営のお店で1000円は高く感じますよね？　それに対して、長年修業を積んだ職人さんが毎朝5時からうどんを打ち込み、出汁を引いて、一杯ずつ丁寧に仕上げているお店であれば、「1000円は適正価格、いや1000円は安いかも。もっと高くてもいいかも」と思いませんか？　**このように、金額に商品と業態が関連づけられると、数字の持つ説得力は途端に変化します。**

ファストフードのうどん業態では、かけうどんは130～290円程度、各企業によって多少の戦略の違いはありますが、最も低価格で販売されています。理由はトッピングの天ぷらをたくさん販売したいからです。また、讃岐式をうたう業態では、かけうどんを低単価に設定することで、うどんを1玉2玉と消費していただけるようにしています。

一方、最近流行のこだわりのうどん専門店は、かけうどんを500〜1000円程度で販売し、客単価は2000〜5000円程度です。これらのお店はうどん専門店をうたい、麺線をきれいに見せる盛りつけをし、メニューブックにはこだわりを記載します。このように、金額に商品と業態が関連づけされると「金額と価値に対する感覚」が発生します。

数字が持っている説得力の代表例はラーメンです。発祥の経緯も相まって1000円の壁が超えられない料理として知られています。多くのお店が1000円の壁を超えられずに苦労しました。原価率が35〜40％になっても、かたくなに1000円以下に設定してきました。

しかしようやく最近少し変化して、1000円の壁を超えるお店が増えてきました。「デフォルト」と呼ばれるシンプルな基準商品は900〜950円程度の設定ですが、味付玉子やチャーシューをトッピングすると1200円くらいになります（券売機の一番目立つところに一番売りたい1200円の商品のボタンがあるお店が多い）。

暗黙の標準値に引っ張られると〝負け商品〟を作ってしまう

確かに存在する暗黙の標準値ですが、でも、この暗黙の標準値を利用して商品開発を行なうことも、価格設定の基準とすることも、そもそもとんでもない価値を商品に盛り込むこともできます。

この手法を知らないと、ありふれた標準値の商品を作ってしまい、「まあ、こんなものでしょ」と安易にグランドメニューに組み込んでしまいます。そして、他店と比べて見劣りはしていなく、「ライバル店よりもここがすごい」と自画自賛して、「味はウチのほうが勝っている」と、希望的観測を持ち出し、「それなのに50円も安い！」と勝手に思い込み、「お客さまは、わかってくれるに違いない」「一度食べてもらえればおいしさに気づくはず」と期待します。しかし、悲しいかなその希望は見事に打ち砕かれてしまいます。

なぜ多くのお店がそんなことになってしまうのでしょうか？

それは、「数字が持っている説得力」の活用法を知らないからです。提供した商品が暗黙の基準値の範囲内にあるのは安心感がある一方で、その他大勢の中に埋もれてしまい、お客さまからは見えなくなってしまうリスクもあります。

しかも、暗黙の標準値の最底辺に価格を設定してしまうと、とんでもない客数を獲得するか、徹底的に経費を削るくらいしか利益獲得の手段がありません。そのため、高い家賃を払って都心の一等地に出店するとか、人件費を抑えるために少人数で長時間労働を行なうとか、人を雇えないので家族経営でしのぐといったケースが数多くあります。

いくら力を入れて良い商品を開発しても、無策なまま価格を「暗黙の標準値」に設定してしまうと、ポスターを貼ろうが、テーブルＰＯＰを置こうが、インスタグラムで告知しようが、お客さまには届きません。商品開発の段階では原価と戦い、おいしさを追求し、見栄えの表現に苦しみ、オペレーションを鍛え上げて、ギリギリの利益率で売価設定して作り上げた商品なのに、残念ながらお客さまの心をつかむことはできないのです。
また、商品開発の段階で「この商品はこれくらいの値段が普通だよね。これ以上高いと売れないよね。この売価ならかけられる原価はこれが限界だよね」などと思って商品を開発しているのなら、その段階で商品が売れないことが決定してしまっています。

ここで皆さんにお聞きしますが、そもそも暗黙の標準値は誰が決めたものなのでしょうか？　世の中には標準値をはるかに突破した、とんでもなく高い価値と価格を実現しているお店は存在しないのでしょうか？　検証したり、リサーチしましたか？　断言しますが、多くの経営者の方は、繁盛店の検証もリサーチも行なっていません。

数字が持つ説得力を逆手に取った2つのアプローチ

ここで重要なことをお伝えします。実はリサーチを行なうことで、「数字が持っている説得力」を逆手に取ったある2つの方向性が見えてきます。

1つ目は、**あえて世間相場の価格に設定して、利用しやすさを前面に打ち出しながら、別に用意した高付加価値の商品をオーダーさせるような仕組みを導入する**手法です。

あえて頼みやすい「ベーシックな商品」を世間並みの価格で提供します。この商品はあくまでも、「当店は最低価格500円から楽しめますよ」と伝えるだけのための入店ハードルを下げることが目的の商品です。

先ほどのラーメンの例でいえば900円のデフォルト商品です。これは本気で売る気もありません。売れなくてもよい、むしろ売れないほうが助かる商品です。本当に売りたい商品は別にあって、多くのお客さまが高付加価値商品を買うように仕組み化します。

2つ目は、**あえて世間相場よりも高額な価格設定にする**手法です。

このケースでは、ありとあらゆる要素にこだわり、「当店のこだわりは……」とストーリーを語り、理念を表現します。一番ベーシックな商品のクオリティを高いポジションに設定することで、一般的な同業種のステージから脱却するときにこの手法を導入します。

一番ベーシックな商品が高付加価値ですから、実際に売れる商品、お客さまが魅力を感じる商品はもっと高単価な商品です。少ない客数でも大きな売上が見込めます。

この場合、仮にある程度以上の客数が見込めると一気に繁盛店になります。実はこの手法は徐々に浸透してきています。都内でもこだわりの専門店として脚光を浴びています。たとえば、ハンバーグ専門店、手打ちうどん専門店、天丼専門店。ステーキ専門店など、個人店からチェーン展開しているお店まで複数存在します。

こだわりのある商品を決して安売りすることなく、高付加価値を提供しながらも、入店ハードルを下げ、しっかりと売りたい商品を売り切っています。ただし、このステージで戦うには、人的な要素も、技術的な裏づけも必要です。さらに、その業態をやり続ける「強い覚悟」も必要です。

大事なことは、**「数字が持っている説得力」を理解して、戦略的な発想で意図的に商品売価を設定する**ことです。世間一般の業態の平均値ではなく、それを突破して高付加価値商品を開発することが、数字が持っている説得力を逆手に取った開発手法です。詳細は徐々に解説していきます。

法則
4

予算感の法則

お客さまは無意識に支払う金額を予想している

POINT

! お客さまは消費に対する大まかな予算感（無意識の基準値）を持っている
! 基本公式「客数×客単価」で予算感を分析することで修正要素が見えてくる
! お客さまの予算感と満足度がズレたらキッチンとホールのオペレーションを修正する

お客さまの予算感を意識していますか？

ほとんどのお客さまは「このお店は○○円くらいだろうな」と予想してお店を利用します。たとえば、誰もが「ランチは1000円以内に」「今日の予算はだいたい5000円でおさめたいなあ」「今日のメンバーでこの店だと1万円はいくだろうな」など、業態、メンバー、TPOなどを考慮した大まかな予算感を持っています。この**無意識の予算感は誰もが持つ暗黙の認識**ですが、これを知る飲食店経営者はほとんどいません。

もちろん、皆さんもこの感覚を持っていますが、提供者側になったとたんに失ってしまいます。その結果、お店の都合を優先したプロダクト・アウト型の商品開発となり、顧客ニーズに即したマーケット・インを起点とした商品開発ができなくなります。

お客さまが予算感を持っていることを理解して、客単価を設定しているお店はほとんどありません。多くのお店は、客単価を想定する際に「これくらいは欲しいなあ」「たぶんこれくらいでいいのではないか」などと、明確な根拠がないままに希望的観測をもとに客単価（の理想値）を決めています。

こうしたお店は、そもそも客単価を設定することの重要性を理解していません。実際、経営者の方に平均客単価を聞いたときに「平均皿単価がいくらで何皿消費して、ドリンクの平均価格がこれくらいでだいたい何杯飲むから、客単価はいくらです」と返ってきたことは、この40年の中で数回しかありません。**多くの経営者が自分の経験値と予想値に基づく適当な勘で客単価を予想し、設定しています。**

「客数×客単価」で予算感を分析する

ここでは、皆さんがご存じの売上を算出する公式「客数×客単価」を用いて予算感の重要性を解説します。

たとえば、次の数値を想定したとします。

客数：1000人　×　客単価：1880円　＝　売上：188万円

仮に客数が少なくても、想定よりも客単価が高ければ次のようになります。

客数：850人　×　客単価：2180円　＝　売上：185万3000円

客数が15％減ったとしても、客単価がわずか300円上がるだけで同等の売上が確保できます。300円アップは「一番安い商品が1品売れた」や「3人グループでビールをもう1杯飲む方が2人いた」などで実現できます。上記の結果は客数が少ないので、おそらくホスピタリティは向上し、そのぶん顧客満足度は向上したかもしれません。

逆に、想定よりも客単価が低ければ、こうなってしまいます。

客数：1000人　×　客単価：1650円　＝　売上：165万円

ということは、いずれにせよ「商品価値が低い」「魅力が足りない」ということの表れです。客数が足りていても、客単価が追いついていないと当然結果もついてきません。この場合は「客数を上げるための施策に力を入れる」か「客単価を上げるための施策を打つ」のいずれかの施策を選択する必要があります。

このように、**公式に当てはめて売上分析をするだけでも、どの要素を改善すべきかが理解できます。**売上が想定よりも低い場合は「客数が想定に足りていない」のか、「客単価が低すぎる」のか、どちらが根本的な原因かを判断できます。

仮に客単価が低い場合は、客単価を上げる努力をします。また、客数が少ない場合でも、客単価を上げることで損益分岐点をクリアできることもあります。ですから、正しく客単価を設定することは非常に重要な作業なのです。

お客さまの予算感と満足度を予想する

客単価設定をする際に重要なポイントは、消費形態と合わせてお客さまが感じている予算感と、最終的に提供する満足度との関係性を理解しているかどうかです。

私が開店のお手伝いをするときは、**グランドメニューがあらかた見えてきた段階で、実際の商品でオーダーシミュレーションを行ないます。**軽いものから始めて、メイン、締め、デザートまで、「お客さまは実際にはこのようにオーダーするだろう」という内容をメンバーと人数と目的をいろいろ変えながら、オーダーシミュレーションを実施します（お店のメンバー全員に参加してもらいます）。これにより平均客単価の予想値を算出できます。

オーダーシミュレーションをしたあとに、実際にオーダーして商品を実食します。検証する内容は、提供時間、ポーション、味の方向性、経時劣化、テーブルの状況、オペレーション、満腹になるまでの時間、そのときの消費皿数と杯数、そして最終的な満足度です。実際の場面に即した形で何回か行なうことで、高い精度で客単価を予想できます。実際に消費をしたときの満足度が「期待値と同等」なのか、「それ以上／それ以下」なのかを事前に確認できます。

このように事前に検証することは非常に重要な作業ですが、実際にここまでやるお店はほとんどありません。**お客さまは必ず予算感を持ってお店を利用するので、実際に商品消費を体験することで、お客さまの予算感と商品を消費した際の満足感が合致しているか否かが検証できます。**検証の結果、お客さまが前もって抱いている予算感と最終的な満足度を比較して、商品を修正していきます。

検証の結果、商品を修正する際に大切になるいくつかのポイントがあるので紹介します。まず「想定客単価になったにもかかわらず満足度が低い」場合には、それぞれの商品単価が高くて皿数が伸びていないことがあります。この場合、ポーションコントロールが必要です。一皿あたりの**ポーションが多すぎて商品単価が高止まりしていると、客単価は限界になっていても、満足感を得られない「何か物足りない」状態となります。**

対策は、商品のポーションを落として商品単価を下げることです。これにより、修正前は2品の商品提供だったものが、同等額で3品提供できるようになります。

商品単価：780円　×　販売数：2　＝　売上：1560円

これが次のようになります。

商品単価：560円　×　販売数：3　＝　売上：1680円

こうすることで満足度が向上し、客単価もアップします。

離客を回避するための修正ポイント

次に、心ゆくまで堪能した結果、想定よりも客単価が上がってしまう場合があります。このときに重要な判断基準は、**「感じている満足度が支払い額を超えているか」**です。「おいしかったし満足したけれど、こんなに高ければ当たり前だろう」とか、「確かに満足したけれど、こんなに高いならほかの店でもいいかな」など、食べ終わったときには満足しているけれども**支払いの段階で金額を許容できていない場合には修正が必要です。**

実はこのケースが一番危険です。理由は、顧客満足度が高いために、お客さまの本音がどこにあるのかわからないからです。実際にお客さま自身もこの感覚を自覚していません。客数も取れている、客単価も高止まりしている、売上も確保できている――この状況で修正しようとは誰も考えないでしょう。しかし、ここに危険が潜んでいます。

お客さまは、お店を利用するたびに当初の予算感を徐々に上げていかざるを得ない不満を感じています。「少し高いけれど最高！」と思っていただければいいのですが、「おいしくていいのだけれど割高なんだよね。そこがなあ……」――この感覚が一番危険です。

この場合、徐々に離客が進みます。でも依然として顧客満足度も高いし、売上もキープしているので危険に気づきません。客単価を見直すタイミングを逃してしまい、徐々に売上が下降するかもしれません。特に、すぐ近くに同等の価値で少し安いライバル店が出店したら一気に形勢逆転となることがあります。

ですから、**満足はしているけれども、支払額に違和感を覚えているお客さまがいる場合には、味の方向を見直したり、ポーションを再検討する必要があります。**

この違和感を持っているお客さまがいることを理解するタイミングは、お支払いいただく瞬間です。

お会計をお支払いいただくときに、満足をしていて納得していただけているときには、自然な態度と笑顔が出ています。一方「どこか納得できない」、もしくは「満足はある程度しているが少し割高に感じている」ときには、表情が硬い、言葉が少ない、スタッフとの会話がぎこちないなど、何らかの不満げなサインを出しています。

このサインを敏感に感じ取ることが、店長なりレジ係などに求められる資質です。

そのために、サービス能力を向上させて、お客さまの表情と態度などから、お客さまが感じている違和感を察する能力が必要になります。

どれを食べてもおいしいけれど味の方向が一定だとか、微妙に薄味といった場合、味覚のバリエーションが欲しくなり、ついつい皿数が伸びすぎてしまいます。

逆に一皿当たりのポーションが少なくて、お腹が満たされなくてついつい皿数が伸びてしまっているのであればポーションを上げる必要があります。１回の食事で満腹になるポーションは、成人男性で６００グラム、女性で５００グラム程度といわれています。この量を何皿で満たすのかを考えて、１商品あたりの量を決める必要があります。「何となく見栄えが良くなくて貧相に見えるから、たくさん盛ってみました」というケースをときどき見かけますが、そもそも何皿を消費していただき、満腹になっていただくかの前提がないので、このようなことが発生してしまいます。

このほかテーブルの状況も関係します。たとえば、キッチンとホールのオペレーションが悪くてタイミング良く商品が出てこない、出てきてもテーブルの賑わい感がない場合があります。この場合、対策は２つあります。

まず、**オペレーションを修正します。**調理作業に時間がかかりすぎている、仕込みの状況が悪い、提供時間の長いものから調理をしているなど、キッチンオペレーションの修正点をピックアップして改善します。さらに、キッチンとの連動が悪く、ホールサイドがテーブルの状況を伝えていない、中間バッシングができていなくて、いつまでも空になった皿が放置されているなど、ホールオペレーションを修正する必要があります。

次に、食器と商品のポーション、それとテーブルサイズとのバランスも修正ポイントです。テーブルのサイズが決まっているので、一度に何皿乗っていると賑わい感が出るのか、逆に何皿くらい乗っていないと、楽しさを演出できないのかを見極めます。提供時間と中間バッシングのタイミング、それとお皿の大きさと彩《いろど》りで賑わい感を演出できます。

これらにより、満足度が満たされて当初抱いていた予算感よりも少し上だったとしても、許容範囲であれば、お客さまはリピートしてくれます。実際に**口コミサイトを検証してみると、お店が想定している客単価よりも実際の消費単価を見ると高いお店が散見できます。**これらのお店は、点数が高い場合には顧客満足度が高いことが理解できますし、点数が低い場合には顧客満足度が低いことが理解できます。

お客さまの予算感に沿った売価の設定法については、第3章「メニューブックの法則」と第4章「セールスの法則」でも詳しく解説します。

法則
5

ポジショニングの法則
客単価を上げるとお店のポジションも上がる

POINT
- お客さまにとっての「お店のポジション」は価格で決まる
- 客単価を上げる本当の目的は、自店のポジションを上位ステージにスライドさせること
- お客さまを「大切なビジネスパートナー」として捉え、価値が高い商品を提供する

自店のポジションを明確にする

京セラ創業者の故・稲盛和夫氏は「値決めこそ経営」とおっしゃっていました。

自社商品の価格をどのゾーンに設定するかによって、経営基盤が決まってきます。安値に設定しようとも高値に設定しようとも、いずれにせよその価格が経営の基盤を形成していきます。同時に価格は、お店のポジションを明確にします。前の「法則4」でお伝えした「お客さまの予算感」を理解することで、自店のポジショニングが明確になります。

お客さまはたとえ同じ業態であったとしても、無意識のうちにお店を使い分けています。たとえば、「この店はこの程度だからこんな感じで使う」「この店は大切な人とのきちんとした会食に使う」といった具合です（皆さんもこのようにお店を使い分けていますよね）。

ここで浮かび上がるのは、自店をどのポジションとしてマーケット（お客さま）に認知してほしいのかです。ほとんどの経営者は、このマーケットポジションを考えていません。

そのため、商品の在り方も、価格設定も、客単価もすべて、自分の常識、感覚、経験値などで何となく決めてしまいます。オープン後に「何か違う……思っていた感じと何か違っている けれど、何が原因かわからない！」となり同時に、繁盛しているライバル店を見て「ウチと何が違うんだろう？　味も値段も雰囲気もそう変わらないのに、どうして結果が違うんだろう？」と感じます。

まず、自店のポジションを再検証しましょう。普段使いの気軽なお店として認識していただきたいのか、きちんとした料理とサービスを楽しみたいときのお店として認識していただきたいのか、あるいは近所では少し高級だけれど家族経営の良さは残した雰囲気の良いお店として認識していただきたいのか――それを決める必要があります。

現在がどのような状態であっても、**新商品を開発し、商品価値と売価を一気に向上させることで、お店をこれまでよりも上位のステージに引き上げることは可能です。**お店の在り方と客単価を上げることで客層が変わり、お店のポジションが上がります。

しかも一度上がったポジションは落ちることがありません。より上質なお客さまの支持を獲得できることとなります。実は客単価を上げる本当の目的は、自店のポジションを上位ステージにスライドさせることなのです。単に「客単価を上げて利益を獲得しましょう」という以上に、経営的にもっと大きな意図があります。

お客さまのどのような〝想い〟に寄り添うか？

冒頭でお伝えしたように、お客さまはお店を使い分けていますが、理由はそのときどきのシチュエーションによって〝想い〟（モチベーション：利用動機）が違うからです。

ここで皆さんにお聞きします。

あなたのお店はお客さまのどのような〝想い〟に寄り添うお店として設定していますか？ほとんどの経営者は「こんな商品をこの価格で販売しよう」とだけ考えています。「お客さまのこんな〝想い〟に寄り添おう」と考えている人は極めてまれです。**お客さまの〝想い〟に寄り添うことで、商品の在り方も価格帯もすべて違ってきます。**

たとえば、地方の中華業態のお店があったとします。それまでは、多くのお客さまに利用していただきたくて、低価格の優位性を打ち出し、味はそこそこで値段も使い勝手が良くて、サービスはごく一般的な感じだったとします。しかもその地で創業してすでに数十年、多くの地元のお客さまには認知されていると、お店としては考えています。また、売上も決して良くはないものの損益分岐点はクリアし、決算も毎年必ず黒字になっており、これといって問題があるようには見えません。

長年営業していることもあり、利用するお客さまの年齢層は50代～70代がメイン。お店の経営者も70歳を超えているので、昔からの常連客がやってくるとテーブルで話し込んでしまいます。それが「おもてなし」と考えています。さて、このお店に未来はあるでしょうか？

実は、これは実話です。結論から言うと、私はこのお店をリサーチしたときに「このままでは10年後には存在していないだろう。早晩経営が苦しくなる」と瞬時に感じました。全国いたるところの街を見渡すと似たようなお店はたくさんあると思いませんか？

このようなお店は、マーケットにおけるポジションが明確になっています。

老舗と呼ばれる風格があるものの何かの専門店でもなく、たとえ専門店でも昔は人気があったが今は食べる人はあまりいない郷土料理だったりします。昔から存在しているシンボリックなお店だけれども、今さらわざわざ出かけるほどでもなく、かわり映えしないメニューだけの何も魅力がないつまらないお店として認識されてしまっています。

ところが当のお店は、こうしたお客さまの認識が衰退の原因だと気づいていません。

さて、この中華業態のお店は、私が改善をお手伝いする前の客単価は1280円、月間の利用者は2000名でしたが改善後には、平均客単価が1880円、月間の利用者は4000名となり、月商は3倍ほどになりました。

それまで経営者の方は「このあたりのお客さまは所得も低くて、値段が高い料理は受け入れられませんよ」とおっしゃっていましたが、改善してからは「もっとお客さまを喜ばせたいんですが、何かいいアイデアをお願いします」とご要望いただくようになりました。

お客さまは大切なビジネスパートナー

お店のポジションを上位にスライドさせるには、どうしたらよいのでしょうか？　それは商品の価値を上げることです。その本質的な目的は、これまで以上の上質なお客さまを獲得することです。私はお手伝いする飲食店経営者の皆さんに「お客さまを〝大切なビジネスパートナー〟として認識してください」とお伝えしています。「お金をお支払いいただくお客さま」というこれまでの認識から「自社のビジネスをともに形成するパートナー」と切り替えることで、「どのパートナーと組んでビジネスを成長させるべきか」という発想になります。「すべてのお客さまに利用していただきたい」から「ウチのお店のビジネスパートナーにはこんな人がいいよね」と認識が変わります。

この考えを導入することで、商品に高い付加価値を盛り込むことがスムーズに行なえるようになります。認識が変化することで、値上げに対する恐怖が払しょくされます。それまでの「お客さまに嫌われたらどうしよう」という考えから、「大切なビジネスパートナーであるお客さまには価値の高い商品を提供したい」と正反対に変化します。高い価値を加えることに抵抗がなくなり、商品開発が「作業の場」から「ワクワクする創造の場」となります。スタッフの勢いが増し、「社長、こんな商品を考えてみました！」となります。

また、価値が上がることで思い切った価格設定ができるようになります。「思い切った価格設定」といっても、実際には単に適正価格になっただけのことも多いのですが、少なくともそれまでの「卑屈な低価格設定」からは脱却できます。

価格こそがマーケットポジションを決定します。これこそ故・稲盛和夫氏が「値決めこそ経営」と表現した経営の本質です。

自店をどのようなポジションとして設定するのか。マーケットにどのように打ち出すのか。お客さまに自店のポジションを正しく認識していただくためには絶対に必要なことです。商品価値を高めて、マーケットポジションを上げて、新たなビジネスパートナーを獲得する。それにより自社の経営を安定させて、より多くのメリットをお客さまに還元するサイクルを構築します。潤沢な利益を確保することは、大切なビジネスパートナーであるお客さまに最大限の還元をするための原資となります。これからの経営者は、客単価を上げることの本質的な意味を深く理解すべきであり、その手法を学ぶべきです。
価値を上げるための具体的な方法は、次の「法則6」でお伝えします。

法則
6

ストーリーの法則

商品価値を爆上げするストーリーの語り方

POINT

- お客さまに「食べてみたい」と思わせるために商品開発ストーリーをアピールする
- 自分たちにとっての〝当たり前〟がお客さまにとっては高い付加価値になる
- 商品完成後も情報を発信し続けることで、継続的にお客さまに来店をうながす

開発ストーリーでお客さまの感情を揺さぶる

人は誰でも物語に惹かれます。特に最悪の状態から最高の状態へと変化するストーリー展開は、多くの人びとの共感を呼びます。その証拠に映画をはじめとするエンターテイメント作品の大半に、観客の感情を揺さぶるための展開・仕掛けが盛り込まれています。このストーリー展開は、飲食店の商品づくりにも応用できます。

お客さまが商品そのものに興味を抱くことはまれです、と言うよりも「商品を見せても理解

されない」と言うほうが正確でしょう。メニューの商品名や解説文に産地や名物料理であることを明記しても、「おっ、珍しいねえ。これ食べてみようか！」「この店に行ってみようか」とはなかなかなりません。せいぜい「産地の証拠を提供する」「料理の方向性を示唆する」といった程度です。ですから、**お客さまの興味を強く惹きつけて「食べてみたい」と思わせ、実際に来店していただき、オーダーされるためには、開発ストーリーを語る必要があるのです。**

お客さまが最も興味をそそられるストーリーの要素は、商品の開発秘話などのバックボーンです。「なぜその商品を作ろうと考えたのか」「どのような過程で出来上がったのか」「開発段階でどのような失敗や苦労があったのか」など、開発から完成までのストーリーは強く興味を惹きます。さらに、その商品にかけた経営者の熱い想いや、開発の苦労話などの情報を知ることで、商品に対する興味と来店動機が生まれます。

商品開発の段階ではさまざまな課題が発生します。たとえば、「食材の組み合わせがうまくいかない」「思った感じの食感にならない」「何度調整しても理想の味にならない」「やっと味が決まったと思っても経時劣化がひどすぎて振り出しに戻ってしまう」など。

また、完成したと思っても「キッチンオペレーションとホールオペレーションの両方が大変すぎてあきらめざるを得ない」「改めて原価計算をしたら想像以上に高くて再検討の必要が発生する」「スタッフや知人に試食してもらったら反応が悪い」など、これでもかというくらいに次々と問題や課題が発生します。

こうした完成までの**ストーリーが商品の大きな付加価値になります。**ところが、多くの経営者がこのことに気づいていません。その理由は、開発段階で毎回繰り返される「当たり前のこと」なので、それが付加価値になるとは夢にも思わないからです。

自分たちにとって「当たり前のこと」が大きな付加価値になる

ここで、アメリカのあるビール会社のエピソードをご紹介します。

このビール会社は有名なマーケターにTVコマーシャルの制作を依頼しました。マーケターはビールの製造工場に行ってある事実を知り、それをコマーシャルで紹介しました。

ビールは巨大なホワイトウッドのパルプでできたフィルターで濾過《ろか》されていることや、ビール瓶は高温の蒸気で洗浄され、ポンプやパイプは工場の稼働を止めて1日に2回も洗浄されていることや、地下4000フィートから天然水をくみ上げていることなどをコマーシャルで伝えました。

実は、これと同じことはほかのビール会社もやっており、特別なことではありません。だから、わざわざアピールしていませんでした。しかし、この情報をコマーシャルで伝えたところ、このビール会社はわずか数カ月で業界第5位からトップに駆け上がりました。このように、自分たちにとってはあまりにも当たり前のことであっても、それを知らないお客さまにとっては大きな付加価値となります。いつも何気なく飲んでいるビールが「これほど安全に気をつかって製造されているのか」と気づかせることで一気にこのビールのポジションを引き上げました。大切なことは、ビールそのものは一切変化していないことです。正しい情報を伝えただけでお客さまの認識に変化が起こり、この会社のビールを飲んでみたいという感情が湧き、購買につながったことがポイントです。

このようにストーリーを語ることで、お客さまは商品に興味を持ち、商品そのものに大きな付加価値が上乗せされます。その結果、多少高価な商品であっても「ここまでやっているのなら、コスパがいいよね！」と、新たな認識が形成されます。したがって**経営者は常に商品の価値を語り続ける必要がある**わけです。ここまで理解した上で「伝えなければならない情報はどのようなものか」をご紹介します。

ビジュアルと文字情報の両方で伝える

開発段階の紆余曲折をストーリーとして伝えるにあたって注意すべきことは伝え方です。たとえば、「食材の組み合わせがうまくいかない」場合は、テーブルにたくさんの試作用食材を載せた様子を撮影するとか、実際にサンプルとして組み合わせた試作品を撮影するとか、試食している様子なども撮影します。「思った感じの食感にならない」「何度調整しても理想の味にならない」場合は、開発者の感想コメントを入れたり、動画でインタビューに答えてもらうなどして記録を残します。

また、「やっと味が決まったと思っても経時劣化がひどすぎて振り出しに戻ってしまう」場合は、完成直後の数分後など時系列の写真を見せたり、開発者のコメントを記録します。

「キッチンとホール両方のオペレーションが大変すぎてあきらめざるを得ない」に関しては、実際の盛りつけをする過程やテーブルまで持って行くときの動画、キッチンとホールのそれぞれの担当者の率直な意見などを語ってもらいます。もちろん、残念がっている開発者の落胆する様子などもおいしい情報です。

「改めて原価計算をしたら想像以上に高くて再検討の必要が発生した」に関しては、注意が必要です。原価額を正直に公表できないので、スタッフが苦悩している状況を記録し、具体的にあと何パーセント軽減しなければならないかの数字情報などを公表します。

「スタッフや知人に試食してもらったら反応が悪い」は、試食会を行なっている様子を撮影します。テーブルに商品が並んでいる姿、実際に試食している様子などを記録します。試食後の表情や、商品に関しての感想を話し合っている姿などを撮影し、総評を語っているところや、不評に終わり結論が出たことなども正直に公表します。

これらを動画として撮影し、写真に残し、文字起こしもします。インスタグラムには静止画、リールの両方をアップします。通常の投稿はフェイスブックと連動させてもＯＫです。

必要なのは、画像（静止画、動画）と文字情報の両方です。お客さまに興味を持たせるためには、ビジュアル的な要素と文字情報は絶対に必要です。せっかく想いをこめて開発した商品ですから、どうか開発段階のストーリーを公表して、新商品発表までの過程を、お客さまに公開して、商品に対するワクワク感と期待感を喚起させてください。このワクワクが、「食べてみたい」「お店を体験してみたい」という行動へと変化させる感情を揺り起こします。

ストーリーを語ることの大切さは、お客さまの感情を揺さぶり、来店行動を喚起することです。そのためには、開発までの過程も大事ですが、実際にグランドメニューに組み込んだあとも情報を提供し続けます。「今日は玉ねぎをカットしています」「今日は材料を練っています」「今日は下味を入れています」など、日々の調理過程を公表します。

商品開発の段階のストーリーを公表して集客に結びつける。グランドメニュー化されたあとには日々の仕込みを公表する。商品についての情報を発信し続けることで、お客さまは「食べてみたい。お店に行ってみよう」と思ってくださるのです。

日々の営業におけるストーリーを語ることも大事です。いついかなるときも経営者は優秀なストーリーテラーであるべきです。

第2章 ヒットの法則

法則7

非常識な価値創造の法則

「業界の常識」「世間の価値観」を突破する

POINT

- 差別化ではなく、まったく新しいポジションの商品を作る「特別化」を目指す
- 核商品と柱商品の要素をあわせ持つ「集客商品」を作る
- 常識を疑い、特定の要素を強く打ち出すことで新しいコンセプトの商品が生まれる

差別化ではなく「特別化」を目指す

昔から飲食業界では、「核商品」「柱商品」と呼ばれる、お店を代表する商品を持つことが繁盛店の必須条件といわれてきました。これに異論はありません。ただ、この方向性だけの話を聞いて、果たしてどれくらいの人がそうした商品を生み出せたでしょうか？　正直、疑問です。

もしこの提言通り、多くの人が核商品や柱商品を生み出せていたのなら、現在、多くのお店に素晴らしい商品があふれかえっていたことでしょう。しかし実際には、ほとんどのお店に核商品も柱商品もありません。あるのは、ありきたりの商品ばかりです。

一方、ビジネスにおいて成功するためには差別化が大事だともいわれています。しかし、そもそも差別するためには、比較対象となる商品やお店が必要です。なぜなら「あのお店の商品と比較して、このような差があります」というのが差別化だからです。しかし、一歩間違えれば、すでにある「あのお店の商品」のコピーと言われかねない危険があります。それならば、そもそもほかのお店の商品を基準にせず、自店の商品をオリジナルとして成立させ、大きな価値を生み出したほうがいいのではないでしょうか。

そこで私が提唱したいのが**「特別化」**です。**他店の商品を真似ないで、まったく新しいポジションの商品を作る**ことです。「まったく新しい」といっても、すべてを新しくすると、誰からも理解されません。これについても古くから「時代の一歩先を行く商品を開発しましょう！」といわれてきましたが、本当に一歩先を行ってしまい、誰にも見向きをされない商品がこれまでにたくさん生まれては消えていきました。

これまでに、斬新な商品を提供するタイミングが早すぎた事例はたくさんあります。正直な話、一歩先は行きすぎです。半歩先がちょうどいいです。**すでに認知されている商品のある特定の要素を強烈に打ち出すことで、特別化を感じさせる商品を開発できます。**

ハンバーガーを例に説明しましょう。

かつて日本ではハンバーガーの価格が100円を切ったことがあります。マクドナルドが

1990年代後半から2000年代前半にかけて、80円から59円まで値下げしました。しかし、一方で「グルメバーガー」が登場しました。あまりにも衝撃的だったせいか、一部の評論家からは「1000円以上もするハンバーガーなんか誰も食べない！」と酷評されました。

しかしお客さまの反応は違いました。今やグルメバーガーのお店は全国にあります。ハンバーガーとは別の「グルメバーガー」という新ジャンルが誕生しました。かつての非常識は常識となっています。こうなったのも、誰かが常識を突破して「もっとおいしくて肉々しいジューシーなハンバーガーを作ってやろう！」と考え、行動したからです。

核商品と柱商品の要素を兼ね備えた「集客商品」

つまらない業界の常識にとらわれない、採用する必要のない世間の価値観に縛られない、商品の価値を上げる商品開発法を学びましょう。商品の在り方もポーションも味の方向性も価格も、従来の常識をすべて疑ってかかることです。

そのためには、**人気店の商品を分析して、特定の要素を際立たせる手法を学ぶ**必要があります。これにより差別化ではなく、特別化された商品が成立します。「あのお店の商品とウチのお店の商品はここが違うよね」という差別化ではなく、同じジャンルの商品であっても、まったく違う商品コンセプトを打ち立てることで新しい可能性と高い価値を生み出せます。

商品の新しい可能性を引き出せれば、その商品は集客と売上に貢献する核商品、柱商品となるでしょう。私はこのような意図で開発した商品を**「集客商品」**と呼んでいます。お店を代表する商品であり集客に貢献する核商品としての在り方と、ほかの商品の購買を促進する売上の柱となる柱商品の2つの要素をあわせ持つ商品です。その商品を食べたくて多くのお客さまが来店し、どのテーブルにも乗っているお店を代表する商品であり、売上の獲得に大きな貢献をしてくれて、さらにお店の実力を担保する役割も果たしてくれるのが「集客商品」です。

従来の商品に感じる不平・不満は？

集客商品を開発するためには、まず商品の在り方のゴール、どのような要素を強調する必要があるのかを決めます。**商品の各構成要素を分解して、圧倒的に認知されているポイントはどこなのか、その認知されている要素の不平・不満、改善したいポイントはないのかを探ります。**

たとえば担々麺を例にすると、すでに「担々麺」という文字を読んだだけで、図7－1のようなイメージが浮かびませんか？

胡麻《ごま》ペーストがベースのスープで、赤いラー油がかかっていて、肉味噌と青梗菜《チンゲン》が乗っている絵が浮かびましたよね。

図7−1

次にホットドッグを例にしましょう。おそらく同じように図7－2のようなイメージが湧きましたよね。ソーセージがパンに挟まれ、ケチャップとマスタードがかかっている――お客さまに浸透している常識的な商品、言い換えれば、世間のつまらない価値観の延長上にある商品です。

一般的な商品を基準にして、「もっと辛い担々麺」とか「ソーセージを太く」と考えるのが従来の差別化です。それに対して、従来の商品の価値を凌駕するためには、どのような商品を構築するかを考えることが特別化です。商品が果たすべき役割を明確にして各構成要素の在り方を決めることで、ゴールを設定できます。

図7-2

新鮮野菜たっぷり、ギルトフリーの担々麺

たとえば、担々麺の構成要素は麺とスープとトッピングです。そこでスープとトッピングの特別化を目指すとします。スープの旨味成分の軸は何にして、その旨味成分の素材を決め、胡麻のどの要素を強調し、全体のコクの扱い方と辛みのバランス、特に辛さはどの程度でどれくらいの時間で辛みが収まるのかを決めます。また、トッピングの要素も決めます。ある要素を

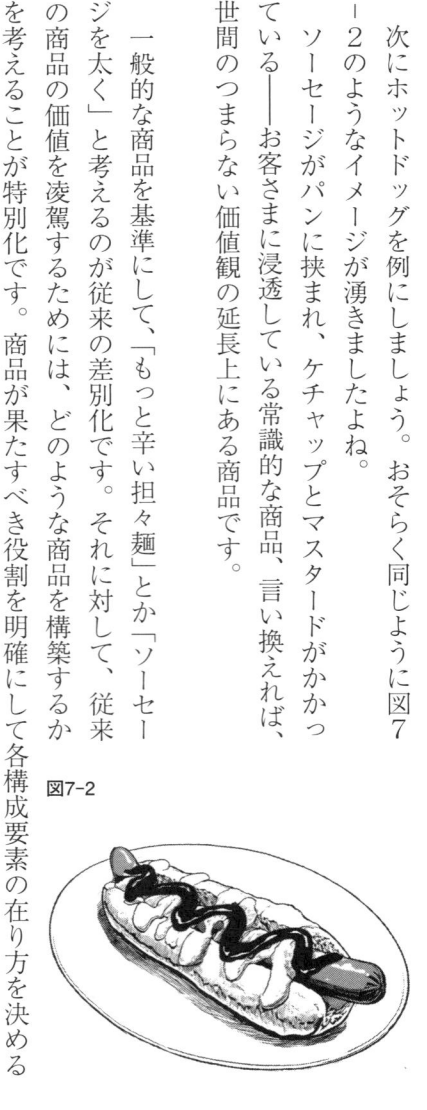

足し算していくとともに、引き算の要素も加えます。すると新しい魅力ある商品が誕生します。こうした作業を行ない、誕生した担々麺が図7－3です。これは私が2022年に業態改善をお手伝いした宮崎県日向市の中華料理店「上海ガーデン（上海花園）」の新メニューです。

スープには、圧倒的な胡麻のコクをプラスして、一般的な担々麺の1・5倍の芝麻醤《チーマージャン》（胡麻ペイスト）を使い濃厚な旨味を表現しました。肉味噌にはしっかりと甜面醤《テンメンジャン》の旨味を加えて豆板醤《トーバンジャン》の辛みも添加しています。この肉味噌をスープに溶くことで、さらにコクが深く旨味の強いスープになるように設計しました。

図7–3

味が強くなる要素が重なるほどインパクトも強くなりますが、逆に飽きる要素にもなり最後まで食べ切れない危険性もあります。そこで、担々麺の弱点である野菜不足を解消するために、新鮮な野菜をたっぷりトッピングしました。これが引き算の要素となり、最後まで飽きずに食べ切ることができます。提供時に「最初に20回ほど混ぜてください」とお伝えするため、スープの熱で野菜がしんなりとして甘みが出ます。さらに、麺をほおばると野菜のシャキシャキした食感も楽しめます。ターゲットは女性の「担々麺を食べることの罪悪感を払拭したい感情」です。そこで野菜をたっぷりと乗せて〝ギルトフリー〟にしました。結果、オーダーするお客

さまの75～80％は女性です。

巨大ソーセージで従来のイメージを突破したグルメドッグ

次に、私が開業支援をした東京中目黒の「スクーカム ホットドッグ ダイナー」の商品開発の事例を紹介します。

ホットドッグの構成要素を分解すると、ソーセージ、ドッグパン、トッピング、ソースです。各構成要素のどれを際立たせれば優れた商品になるのかを検証します。最も存在感が大きい構成要素はソーセージです。これは差別化要素ともいえますが、通常は業務用ソーセージを仕入れます。すると、次の2つの問題が発生します。

1つ目は、ソーセージで差別化がはかれないことです。すでに流通している商材なので同じソーセージを使ったお店が世間にあふれています。

2つ目は、仕入れ値が高いことです。ソーセージはグラム数の割に製造工程に手間や時間がかかるため、どうしても仕入れ値が上がります。

最も差別化したいソーセージが実はボトルネックとなってしまいます。このような場合、通常は「安価な商材を探す」「ポーションの少ないソーセージを2本使う」「豚肉以外の複数の原材料を使用したものにする」などの企業努力をします。ただ、この努力にはお客さまがワクワクする要素はまったくありません。つまり、お客さま不在のプロダクト・アウトです。

スクーカム ホットドッグ ダイナーでは、ソーセージとベーコンを店内で毎日調理することにしました。それだけですでに特別化です、他店が簡単に真似できません。また、ソーセージは太さ4センチ、重量160グラムと巨大にしました。ホットドッグ全体で450グラムになります。あわせてアボカドをはじめ多くの野菜もトッピングすることで、これまでのホットドッグの常識を大きく逸脱した商品にしました。

次に、ホットドッグの従来のビジュアルイメージを突破します。「何これ！　これってホットドッグなの!?」と見た人がびっくりし、興味を持つようにします。その結果、「食べてみたい」となり、お客さまがこのホットドッグをめがけて来店してくれます。

加えて、これまでの常識的なホットドッグの不満要素・マイナス要素を克服するために、新たに**「非常識な価値創造の法則」**を取り入れました。ジャンクフードを食べた満足感を提供しつつもギルトフリーの理念を守りつつ、はっきりとした味つけの個性あるソーセージの足し算の要素を、アボカドなどのフレッシュな野菜で引き算の要素を構築した商品を開発しました。

それがこの「スクーカムドッグ」です（図7－4）。

図7-4

このように、まったく新しい非常識な価値を創造することにより、これまでの商品の延長線上にある差別化でなく、まったく違った視点から特別化された商品を開発できるようになります。マーケットにおけるお店のポジションも独自性と優位性の両方を獲得できます。

ちなみに先ほどご紹介した上海ガーデンの担々麺の価格は、商品リニューアル前は680円でしたが、商品リニューアル後は980円と300円もアップしました。しかし、「高い」というクレームは1件もありません。そればかりか、集客に貢献する大人気商品となっています。また、スクーカムホットドッグダイナーの口コミには、スクーカムドッグの商品コンセプトを、多くのお客さまが同じような言葉で表現してしてくださっています。「法則20 ブランディングの法則」（233ページ）でも詳しく解説しますが、メニューブックに商品コンセプトを意図的に掲載しているため、お店の意図通りの口コミをアップしていただけており、ブランディングにつながっています。

法則
8

価値基準の法則
みんなが誤解している業界標準「原価率30％」

POINT
- 原価には「レシピ原価」「運営原価」「経営原価」の3種類がある
- レシピベースの平均原価率の上限は25％。これを超えると絶対に儲からない
- 原価額と原価率、利益額と利益率の相関関係をしっかりと理解することが重要

なぜ多くのお店は適正価格を設定できないのか？

あなたは商品の売価を決める際に何を基準に設定していますか？　いまだに正しい売価設定法を知らずに、「古い業界の常識」を基準にして売価を決めている経営者が後を絶ちません。実は、飲食業が儲からない根本的な原因は正しい売価設定をしていないからです。言い換えると、正しい売価設定法を実践すれば業種・業態に関係なく確実に儲けられるようになります。

正しい売価設定法を知らないと、どのようなことになるのか？　ほとんどの飲食店で起こっ

ていることなのですが、ここでは現場で発生していることと、経営サイドが認識していることのズレを軸にして解説します。

まず、多くの飲食店では売価を決める際に、原価を基準にして決めます。たとえば原価280円ならば、原価率を業界平均の30％に設定します。計算式は次のようになります。

原価額：280円　÷　原価率：30％　＝　税別売価：933円

933円は税込で1026円になります。すると経営者に「1000円を超えたくない」という心理が発動し、つい税込売価を980円にしてしまいます。すると原価率は31・4％となり、1・4％も原価率が上がります。経営者が決めたことなので、誰もノーとは言えません。ひとまず業界の平均値といわれる30～35％の範囲内なので「よし」としてしまいます。売価が1000円を超える恐怖のほうが、儲けが減る恐怖よりも大きいために適正売価に設定できないのです。

3種類の原価　――レシピ原価、運営原価、経営原価

ただし、これはあくまでも、レシピベースの原価額と原価率です（**レシピ原価**）。当然ながら飲食店を経営していると、食材のロスと歩留まりの問題があります。当然野菜は皮を剥きますし、魚は頭を落として内臓を捨てて皮も剥ぎます。肉は掃除をして筋などを取り除きます。す

ると歩留まりは悪くなるため、当然、実質的なグラム単価は上がります。

仮に1キロ3850円の肉を掃除した結果、歩留まりが80％になるとします。すると、実質的には1キロ約4800円になり、仕入れ原価は実質的に24％もアップしてしまいます。ほかにもたくさん仕込んでおいた食材が保存期限をすぎてしまい、大量に廃棄することもあります。

また、〝見えない原価〟も存在します。揚物用の油やパスタを茹でる際の塩やテーブル上の調味料類、スタッフが食べるまかないなど、お店の現場ではレシピ以外にも複数の原価を上げてしまう要素があります。これを**「運営原価」**といいます。

さらに、仕入れにおいても原価を上げる要素があります。食材の仕入れは通常、発注ロットが決まっています。パック単位、ケース単位、箱単位など、仮に1個しか使わなくても、契約で決められた単位で仕入れる必要があります。すると、実使用量は仮に30グラムでも、仕入れは1ケース500グラムが6本ということもザラにあります。もちろん、これらは棚卸によって期首在庫と期末在庫から実使用量を算出します。しかし、経営的には今月の締め日までに仕入れた食材が仕入原価として計上されます。これを**「経営原価」**といいます。

このように原価には「レシピ原価」、店舗の運営上計上される「運営原価」、仕入れによる支払額の「経営原価」と、内容の異なる3種類の原価があります。しかし残念ながら、これを深く理解していない経営者や店長・料理長がたくさんいます。このような人たちは決まって「レシピの原価は低いのに毎月の支払額がすごいことになっている」とか、「現場には何度も口を酸っぱくして伝えているのに、いっこうに原価が下がらない」など、いつもグチを言っています。

3種類の原価を知らない経営者は、「原価率30％＝レシピ原価」がそのまま今月の売上に対する支払額だと誤って認識しています。一方、現場を預かるスタッフは原価が低くなっていることをアピールしたいので、棚卸をして実使用量を測り、運営原価が低かったと報告します。ところが、経営者の頭には仕入れ業者からの請求書の金額しかなく、なぜ支払い額と現場からの報告に差があるのかを理解できません。やみくもに「原価を下げろ！」と命じるだけです。

「原価率30％」神話はなぜ生まれたのか？

そもそも「原価率30％」は正しい数値なのでしょうか？　そもそも何を基準にした数値なのでしょうか？　そして、なぜこの数値が業界のスタンダードになってしまったのでしょうか？

話は1970年代にさかのぼります。日本にファミリーレストランが誕生し、外食産業がビジネスとして定着し始めたころに、会計事務所の方々が国内の飲食店の仕入れ原価（1年間の食材費）を算出したところ平均値が30％程度でした。それ以降、30％が業界の平均的な基準値として認識されるようになりました。

それまで飲食ビジネスは「水商売」といわれており、会計は「どんぶり勘定」でした。それがアメリカのファミリーレストランのシステム的な会計の考え方が導入され、金融機関からの借入もできるようになり、事業計画を作成するにあたって平均値「原価率30％」を仮設定として計上する方法が浸透しました。つまり、**「原価率30％」とは経営原価のことであって、レシピ原価ではない**のです。

当然レシピ原価が30％でも、支払い額を基準とした経営原価では35％程度と上がります。ということは、原価率30％に収めるためには、レシピベースの原価率を25％にする必要があるのです。そのため私は普段クライアントに**「レシピベースの平均原価率の上限は25％」**とお伝えしています。

また、**商品開発段階での希望的基準はさらに低い22％です。**この基準数値をしっかりと理解して、確実に実行しないと現代の飲食ビジネスでは絶対に儲けられません。断言しますが、35％以上の原価率で儲けられるのは一部の特殊な業態だけで、一般的な業態では利益確保はほぼ不可能です。そこで必要になってくるのが、正しい売価設定法なのです。

残念ながら多くの飲食店は「価値を表現できる正しい価格の設定法」を知らないため、儲けられません。ほとんどのお店が何となく原価基準の売価設定法を導入し、世間に蔓延している「だいたいのイメージ」で売価を決めてしまっています。これは致命的なミスです。本来はもっと売上も利益も確保できるのに、自ら事業の可能性を小さくしてしまっています。

もしかして、あなたのお店もそうなっていませんか?

実際、ある経営者の方が日本政策金融公庫に開業資金の借り入れに行った際に、事業計画で原価率を27%として申請したところ断られたそうです。担当者いわく「原価率が低すぎる。こんないい加減な事業計画では融資ができない」とのことでした。

経営者の方はレシピベースの原価率が22%であることをレシピと商品の写真を見せて説明したものの納得されなかったそうです。そこで後日、原価率をあえて32%に上げた(事業内容を悪くした)計画書を持って行ったところ、今度はスムーズに融資が実行されたのです。融資を実行する金融機関の担当者でさえ、こんな間違った認識を持っています。つまり、飲食業界には「誰も儲からない仕組み」ができ上がってしまっているということです。

売価は商品の価値を基準にして決める

これからあなたが導入しなければならない正しい売価設定法は、商品の価値を基準とした売価設定法です。**「原価基準の法則」から「価値基準の法則」に移行しない限り、売上も利益も絶対に確保できません。**

私は25年ほど前からずっと「原価率は25%が上限」と言い続けています。ところが、多くの経営者の方たちは「それでは提供価格が高くなってしまって売れなくなる」「そんなに原価率を下げたら、まともな商品は作れない」「そこまで原価を下げるのはお客さまをバカにしている」などとおっしゃいます。その一方で、現場には「原価をもっと下げろ！」と怒鳴りつけます。それにもかかわらず原価を下げる方法は教えません。そもそも原価が3種類あることを理解できないから、「下げろ」としか言えないのです。

これからの商品開発と、それに連動した売価の設定の鍵は商品のビジュアルです。要するに、仮に完成した商品を見ていただき「この商品ならいくら払いますか?」と問いかけつつ、お客さまがビジュアルから受ける印象を基準に売価を設定します。

断言しますが、現在の飲食業で最も重視すべきは「視覚的印象の価値」だけです。商品開発の段階で「おいしい」を基準にするお店がほとんどですが、**お客さまが「おいしい」を体験できるのは最後の最後、つまり実際に来店して召し上がってみて初めて伝わるのです。**

ですから、**まずは視覚的な印象を重視して商品価値を最大化させて、その価値から想定できるおいしさを担保し、見た目以上の価値を提供する味の開発を行なうべき**です。そのためには、原価額と原価率、利益額と利益率の相関関係をしっかりと理解することです。常に額と率の2種類の数字を把握して、その数字をもとに、いかに価値を商品に反映させるかを学ぶべきです（「法則2　コストパフォーマンスの法則」（33ページ）を参照）。

たとえば、次のような数値と商品の関係性を理解してください。ここではわかりやすいように、いったん消費税は脇に置いておきます。

まず最も一般的な売価設定法です。

A　売価：1000円　×　原価率：30%　＝　原価額：300円　利益額：700円

原価率は業界の平均値です。完成した商品は一般的なレベルでしょう。競争力が飛び抜けることはありませんが、見劣りもしません。平均的な商品です。

次は、安易な値引きを行ない客数を集めようとしてしまったケースです。

B　売価：800円　×　原価率：30%　＝　原価額：240円　利益額：560円

安さ優先で原価率を業界の平均値にしてしまったため利益額がとても低くなっています。価格優位性で競争する商品ですが、逆に言うと価値は価格のみです。これで集まって来るのは価格だけに反応する「安ければいいや層」でリピートの確率はかなり低く、継続的な売上にはつながらないでしょう。このような商品は、お店もお客さまのどちらにも利益を還元できません。

次に、間違ったコストパフォーマンスの上げ方をしてしまったケースです。

C　売価：1000円　×　原価率：35％　＝　原価額：350円　利益額：650円

原価額を上げたので、確かにコストパフォーマンスに優れている可能性はあり、運が良ければ集客商品になる可能性はあります。ただし、このままでは利益確保が困難です。販売数を上げることで利益を確保するしかありません。商品クオリティが高ければ一縷《いちる》の望みはあるものの、売っても儲からない、利益がそれほど出ない、経営的には厳しい商品です。

最後は私が提唱する売価の設定法を導入したケースです。

D　売価：1480円　×　原価率：25％　＝　原価額：370円　利益額：1110円

コストパフォーマンスに優れており、お客さまに高い価値を提供できる集客商品となります。売価を上げたため原価率は低くなりますが、原価額は高くなっているため、商品の価値を上げることができます。しっかり原価を投入することで、ボリュームも担保されますし、食材の品質も上げることができます。高い売価により売上の母数も伸びて利益もしっかり確保できる、お客さまにもお店にも価値をもたらす商品です。

あなたも飲食店の関係者なら、原価額が70円も上がったのなら相当いろいろなことができると容易に想像できるでしょう。いつも5円、10円のせめぎ合いをしている中、使える金額が一気に70円も増えるとなると、やれることが格段に増えるのは間違いありません。たとえば、輸入牛を国産牛にしてみる、あるいは、彩《いろど》りを豊かにするための食材をふんだんに盛り込んでみるといったことです。

お客さまに圧倒的な価値をお届けするために、思い切って商品売価を上げることで、これまでの延長線上にはないまったく新しい商品を提供することができます。そのために思い切って食材費を上げて、開発者ご自身が本当に満足する商品クオリティを実現させることに意識を集中させます。持てる限りのアイデアを投入し、何度もトライ&エラーを繰り返し、完成度を高めていきます。

たとえ原価額が高騰しようとも、高い売価が高騰した原価率を吸収できます。原価額が上がったとしても、原価率は下げられます。すると利益率は向上し、利益額も向上します。高い売価が、売上全体の底上げも果たします。売上の母数が伸びて利益額もきちんと確保できるようになります。

意図的にこの手法を取り入れることで、確実に事業は安定し成長していきます。その先には、多店舗展開も従業員満足度を向上させることも、そして何よりお客さまをもっと喜ばせることも可能になります。利益確保こそが、事業を成長させ社会に貢献できる源です。

法則
9

ヒットの法則

お客さまの潜在的な「不平・不満」を解消する

POINT

❗ お客さまが潜在的に感じている「不平・不満」を解消する商品がヒットする
❗ ヒット商品を作るときはこれまでの自店の商品を否定して、ゼロベースで考える
❗ 商品開発の初期段階では、原価を気にせず、価値を高めることだけに集中する

お客さまは自分の不平・不満に気づいていない

この章では、非常識なまでに商品価値を上げるための「法則7」と、商品価値を基準とした売価設定をする「法則8」をお伝えしました。この2つの法則を実行する上で最も重要になるのが「ヒットの法則」です。それは**「お客さま自身も気づいていない潜在的な不平・不満を解消し、価値の高い商品を提供すれば、爆発的にヒットする可能性が高い」**ということです。

お客さまは世に出回っている商品に対して「この商品はこういうもの」「これが当たり前」

と感じているため、「もっとこうしてほしい」と感じることすらなくなっています。仮にその商品に対して潜在的に不平・不満を感じていたとしても、今の状態が当たり前なので、自分の不平・不満に気づけなくなっているのです。

実は、どんな商品も世間に広まり、浸透すればするほど、お客さまの商品に対する不平・不満は蓄積されていきます。その潜在的な不平・不満をあえて表面化させて気づいていただき、それを解消する商品を開発・提供することで、圧倒的な支持を獲得できます。

「商品価値」という言葉は多くの場合、商品そのものだけを指しています。実は、商品そのもの以外にも、たくさんの付加価値があります。皿に盛られた料理だけが商品価値として認識されるわけではありません。「法則6」（66ページ）でお伝えしたストーリーのように、商品のバックボーンを語ることで付加価値を高めることができます。また、商品の提供方法や細かい選択肢を設けることでも付加価値を高められます。

不平・不満の解消がヒットにつながる

現代のお客さまが求めているのは、単なる商品の消費ではなく、高い価値の体験です。日本の飲食業の近代化がスタートした1970年代から今日に至るまで、飲食業界は1つの価値観に支配されてきました。そのため業界の成長が鈍化しています。

その価値観とは「良い商品を作ればいつかは必ず売れる」です。そもそもこの価値観は、世の中が満たされていなかった貧乏だった時代のものです。周りは不足ばかりで、何でもいいから豊かさを感じられるものが求められていた時代は、良い商品を作れば確かに売れました。少しでも評判になれば爆発的に売れたものです。

以前ある老舗割烹の経営者の奥さまがお話しされたことが、今も深く印象に残っています。

「昔はとにかく量を多くして、少しだけ安く見せて、ほかよりもちょっとだけおいしいものを作るとそれはもうたくさん売れたものですよ。お客さまがワンサカとやって来ました。でも今は何をやってもお客さまが押し寄せることなんてないですよね」

日本人が渇望感を抱いていたころは、誰もが「いいもの」を求めていました。情報もお店も少なかったので、最も信頼できるのは友人や知人の口コミでした。ですから、飲食店は最初の数人さえ満足させられれば、小さなマーケットでお店を爆発的に繁盛させることができました。しかし、そんな時代はとっくに終わっています。「いいもの」があふれかえる今、飲食店がやるべきは「潜在的な不平・不満を発掘し、それを解消する商品を提供する」ことです。

私が開発をサポートした「法則7　非常識な価値創造の法則」(74ページ)で紹介した担々麺とホットドッグは、いずれもお客さまの潜在的な不平・不満を解消した商品です。

・**担々麺はどのお店も同じようなトッピングばかり。野菜がほとんどないのも不満。辛いばかりでおいしさが足りないのも不満**

・**ホットドッグは1つ食べてもお腹いっぱいにならないのが不満。何が混ざっているかわからないソーセージは怖くて食べたくない。ジャンクフードは体に悪そうでイヤだけれど、でもときどき無性に食べたくなるのがイラっとする**

どちらも**商品開発でターゲットにしたのは「漠然としたおいしさ」ではなく、「お客さまの不満に満ちた感情」です。**

「お客さまの不平・不満の解消」をターゲットにした事例はほかにもあります。

多くの方がご存じの「博多　一風堂」です。店名通り博多発祥のお店ですが、横浜ラーメン博物館への出店を機に大きな飛躍を遂げました。創業者の河原氏は元々バーを経営していました。バーの経営は順調で2店舗目の出店を考えていたころに、たまたま女性のお客さまと会話したときに、「なぜ女性はラーメン屋さんに行かないのか」と質問したそうです。すると「ラーメン屋さんは汚くて、臭くて、怖いから行きたくない」と答えが返ってきたそうです。

これを聞いた河原氏は「汚い・臭い・怖いイメージを払しょくして、女性が1人で気軽に入れるスタイリッシュなラーメン店を作り、福岡中の女性が集まるようにしよう！」と思いつき、一風堂を開業したそうです。不平・不満を解消して大ヒットしたわかりやすい事例です。

商品に対する不平・不満をゼロベースで分析する

不平・不満を解消した商品がヒットしやすいことはご理解いただけたと思います。しかし、実際にはここからがいばらの道です。具体的にはどのように開発すればよいのでしょうか？

その手法を公開します。

真っ先に行なうべきことは「自己否定」です。自店の人気商品、最も売れている商品をいくつかピックアップします。それらの商品の不平・不満をゼロベースで分析します。ゼロベースとは先入観なしに判断することです。自己否定しなければ絶対にできません。プライドも常識も、開発にかけた努力や手間、さらには原価のことも遠い彼方へ追いやってください。

これは想像以上につらい作業です。これまで愛情を注いで自分なりの理論で生み出し、ビジネス的な制約を乗り越えて提供してきた商品を完全に否定するわけですから、強い抵抗感が生まれます。しかし、がんばってそれを突破してください。そもそも、自分の抵抗感が「この商品はこういうもの」「これが当たり前」「これはもうしょうがない」という足かせになっているのです。自分自身が気づかないうちに、商品に対する不平・不満を潜在意識の底に隠してしまっています。ぜひともそれを振り切って、「自分にとっての当たり前」の向こう側に到達してください。

ここで自分の商品に隠された不平・不満を見つけるヒントをお伝えします。

商品の全体的な印象から、1つ1つの食材へ移行するやり方です。まず漠然と商品全体について不平・不満な点がないかを分析します。何人かのスタッフと声に出して議論してください。1人で心の中で自問自答しないようにします。自問自答はたいてい堂々巡りになるので、絶対に声に出して議論してください。見た目の印象、彩《いろど》り、シズル感、味の方向性、ボリューム感、商品名、商品解説、提供時のパフォーマンスなど全体的な印象について、あらゆる角度から議論してください。

次に、構成要素を分解して、1つ1つの素材を分析します。食材の問題点、不平・不満な点、「もしこんな風になればいいのだけれど……」などを前提条件なしに出し合っていきます。

先ほどお伝えしたホットドッグですが、実はこれも不平・不満を解消してアメリカの国民食となりました。ホットドッグはもともと「フランクフルター」と呼ばれていました。野球のスタジアムでドイツ系の移民相手に茹でたてのフランクフルトが販売されていました。当初は、茹でたてのフランクフルトをそのまま、もしくは紙に包んで手渡していたそうです。買った人は熱いため、両手で交互に持ち替えて食べていたそうです。

それを見たある人がソーセージをパンに包みケチャップをつけて売ってみたところ、爆発的にヒットしました。その話を聞いた新聞記者が記事を書くときに、フランクフルターのスペルがわからず、商品の見た目から「ホットドッグ」と勝手に命名したそうです。

さて、本題に戻ります。

不平・不満を列挙して、「確かに！　これが変われば多くのお客さまが喜ぶ」というポイントが見つかったのなら次の段階です、いよいよ具体的な商品を開発するときです。

価値設定を基準にした商品開発手順は次の通りです。

価値設定を基準にした商品開発手順

1　原価を無視した試作……原価と常識を無視して商品価値の最大化を試みる
2　商品の仮設定……商品を仮設定してみる　自主規制は排除する
3　数字が持っている説得力……「いくらなら買うか」、消費者心理の検証、マーケット・インで考える
4　原価の算出……ここで初めて原価を算出する
5　フィードバック……原価率が想定値以上なら再度試作を行なう
6　基準原価率25％への挑戦……レシピ原価率は25％以下が基準
7　再度フィードバック……原価率25％から、再度商品価値をフィードバックする
8　テストマーケティング……ほぼ完成した商品をテストマーケティング
9　グランドメニュー化……テストマーケティングを経てからグランドメニュー化

1の試作段階では、とにかく原価のことは忘れて、**価値の高い商品を開発することだけに、すべての思考と意識を集中させてください。**原価も想定売価も、厨房の作業性も、自分の手間も何もかも忘れて、ただひたすら商品に向き合ってください。「こんな商品、ほかにあるか！」と、笑みがこぼれるまで作り続けてください。とにかく業界の常識も商品のスタンダードもすべて忘れて、ただひたすらに価値の高い商品を作ることだけに集中してください。

2の段階で仮設定します。仮設定とは、「もし、これを世に出すとしたら」と感じてみることです、考えるのではなく感じてみるのです。このときに重要なのは、常にお客さま視点であること。それがマーケット・インです。自分たちの都合を優先しないで、**この商品は楽しいのか、感動するのか、ユニークなのか、そしておいしいのか、お客さまの視点で感じてください。**

3の段階で想定売価を考えます。「法則3」（43ページ）でお伝えした「数字が持っている説得力」を発動させて、具体的な金額をイメージしてみます。「世間的な価格基準はこの程度」と考えつつ、1000円の壁、1500円の壁、2000円の壁と、数字をイメージしてください。たとえば、1500円くらいはいけそうと感じたなら、では1480円ならどうかと考えてみてください。

4の段階で初めて原価を算出します。仮設定で1480円としたのであれば、**算出された原価は適正なのかを、率と額の両方で検証します。**基準原価率25％で収まっているか、希望値の

22％にした場合は売価はどうなるのかなど、価格をシミュレーションしてください。

５の段階で再度、商品を見直します。仮に算出した原価額が、基準原価率を上回る28％だったとしたのなら、やってみることは2つです。その原価額のまま、基準原価率を25％に下げたら売価がどれくらい上がるのかを算出します。

ここで6の段階へ移行します。

１４８０円で原価率28％だと原価額は４１４円です。これを原価率25％にして売価を設定し直すと１６５７円です（提供価格は１６８０円）。「法則８　価値基準の法則」（83ページ）で考えたときに、この値段を高いと感じるか、適正と感じるか、コストパフォーマンスが高いと感じるかなどを検証します。

次に基準原価率25％に下げると、適正原価額も３７０円に下がります。仮設定商品の原価額は４１４円なので、44円オーバーしています。どのポイントを変更すると、価値を変えずに基準原価額の３７０円に収められるのかを検討します。

たとえば、食材の仕入れ先を変えてもっと安く仕入れる、同等の安い食材を探す、特定の食材のボリュームを減らす、視覚効果のためだけに入れた食材をカットする、全体のポーションを下げるなど、複数の施策を組み合わせて原価額を下げつつも価値は下げないようにします。

この段階の作業が最も困難でつらいものになりますが、同時に目の前でどんどん秀逸な商品ができ上がっていく瞬間でもあります。他店とは比較にならない「特別化」された商品ができ上がる瞬間ですから、正直テンションは上がり続けます。

実は「ヒットの法則」で最も大切なのが、このワクワクする感覚を味わうことです。**1の原価を無視した商品開発の段階と、現実的な数字の裏づけを取りながら商品の完成度を上げていく**――この2つの段階のワクワク感がヒットする商品を作り上げていきます。また、このワクワクする体験が、のちのち商品の開発ストーリーとして活きてきます。さて原価が見えてきたので、もう一度商品に戻ります。

7の段階へ移行します。

お客さま視点でもう一度商品を感じてみます。本当に設定した売価で、高いコストパフォーマンスを発揮できるか、価格以上の価値を提供できているか、実際の店舗オペレーションで再現できるか、スピード調理は可能か、ストックの状況、味のブレの問題、あらゆるロスの危険性、食器とのバランス、テーブルに持っていくときに崩れないか（保形性）など、実際にお客さまに提供することを想定して、商品を検証します。

テストマーケティングではお客さまの表情を観察する

あらゆる方面から商品を検証した結果、大丈夫と判断できたら8の段階へ移行します。

いよいよテストマーケティングです。関係者でもいいですし、営業中のお店であればフェアのような形で商品を提供してもよいでしょう。とにかく、実際にお客さまに新商品を提供して、反応を見たり、声を集めます。メニューを見たときの表情、話している言葉と感想、実際の商品を見たときの表情と感動の様子、食べ進めているときの表情と話していること、写真撮影はしているのか、インスタ映えはどうか、コメントにはどのようなことを書き込んでいるか、アンケートに書かれていることなどを、漏れることなくつぶさに観察します。

同時にキッチンの状況もホールのオペレーションも観察します。厨房機器はレイアウト上問題がないか、再現性の確保はされているか、スピード提供と提供温度の兼ね合いはどうか、アルバイトのスタッフでも安全に提供できるか、途中で崩れないか、バッシングが手間取りすぎていないかなど、店舗の運営上の課題点も検証します。

テストマーケティングの段階の重要ポイントは、とにかくお客さまの表情を見ることです。

言葉ではどのようなことも表現できますが、表情というものはありのままが出ています。言葉では「おいしそう」と言いながらも、表情が曇っていれば社交辞令の可能性があります。

お客さまの反応も確認し、一通り改善ポイントが表出して対応ができ、課題がクリアされて初めて、最終9番目の段階、グランドメニュー化となります。この段階ではもちろんお客さまの反応もある程度事前にわかっているので、「売れるか、売れないか」というイチかバチかの賭けのような状況ではなく、確実に売れるとわかっています。それよりも**「何食売れる」かがテーマになる段階です。**「目標の食数がいつクリアされるか」に意識が向かいます。

このように狙ってヒット商品を送り出すことができるのが、「ヒットの法則」の本質的な力であり、導入をおすすめする理由です。これからは狙って意図的にヒット商品を開発する、明確な目的を持って商品を開発する時代です。この法則を活用して、お店をもう1つ上のステージへ移行させましょう。

第3章

メニューブックの法則

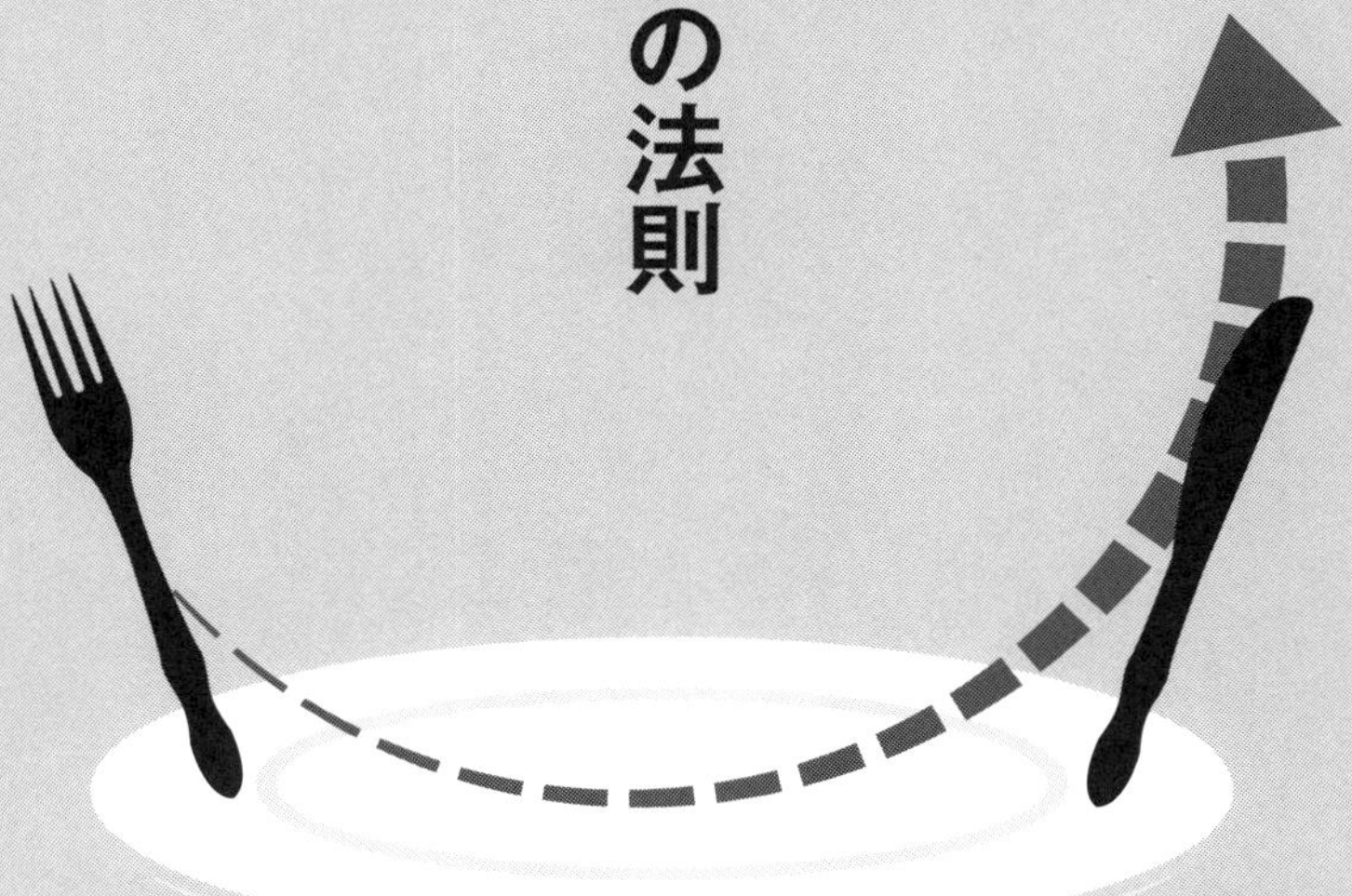

法則
10

メニューブックの法則

メニューブックを優秀な営業パーソンにする

POINT

- メニューブックにセールスの仕組みを取り入れるだけで売上は劇的に上がる
- メニューの役割は、お客さまを「悩ませない」「惑わせない」、商品を「決めさせてあげる」こと
- メニューブックのデザイン、商品写真の撮影は必ずプロフェッショナルに依頼する

メニューブックを変えれば売上は上がる

ほとんどの飲食店にはメニューブックがあります。最近はタッチパネルによるデジタル化が進み、紙のメニューブックは減りつつありますが、たとえデジタル化されていても、お客さまがメニューを見てオーダーすることに変わりありません。

メニューブックを自分で手作りしたり、デザインの心得がある友人や知人に作ってもらったり、デザイン事務所に作ってもらうなど、お店によってさまざまですが、戦略的にメニューブッ

クを活用して売上を獲得しようとしているお店はほぼ皆無です。

はっきり言って、**ほとんどのお店のメニューブックは単なる「商品カタログ」です。**文字だけだったり、写真が掲載されていても劣悪な画像（インスタグラマーのほうがよほど良い写真を撮る）を平気で載せていたりします。また、肝心の商品解説がなかったり、あったとしても内容が意味不明だったりします。さらにレイアウトも、見る人の視線の動きを考えていないため、どこをどの順番で見ればよいのかわからないというものもたくさんあります（図10－1）。

こうなってしまう原因は、そもそもメニューブックはどのような役割を果たすものなのか、そしてその役割を果たすためにはどのようなルールに則して作らなければいけないのかを

図 10-1

ダメなメニューブックの例。ごちゃごちゃして見づらい

知らないからです。メニューブックを正しく使えばお店を繁盛させることができます。商品カタログのようなメニューブックを使っていては、売上は上がりません。また、集客できませんし、口コミも広まりません。もちろんリピートも発生しません。

断言しますが、**メニューブックを正しいものに変えるだけで売上は劇的に上げられます。**たとえば、かつて私が支援したお店では、メニューブックを変えることで客単価を１２８０円から１８８０円にしたり、たった２日で客単価を５００円もアップさせることができました。

メニューブックでセールスの仕組みを構築する

そもそも皆さんは、メニューブックの役割を真剣に考えたことがありますか？　単に「飲食店にはメニューブックが必要だから」と、深く考えずに作っていませんか？　多くのお店は、「メニューブックにはあまり予算をかけられない」「メニューブックには商品名と価格が載っていれば十分」などと考えてしまっているせいで、満足な売上を確保できていません。

ここで重要なことをお伝えします。

メニューブックとはお店に売上をもたらす営業パーソンです。

あなたは、売上をたくさんあげてくれる優秀な営業パーソンがほしいですか？　それとも今の無能な営業パーソンのままでいいですか？　経営が苦しいお店のほとんどはメニューブックが商品カタログのようになってしまっています。それでは絶対に売上は上がりません。

メニューブックの目的は、セールスの仕組みを構築することです。セールスの仕組みを持たないメニューブックは単なる商品カタログです。

たとえば、家電量販店に置かれた家電のカタログ、メーカーの商品紹介サイト、ECサイトを見てください。「製品のスペックはこうです」「こういう使い方ができます」などと書かれていますが正直よくわかりません。また、ECサイトの口コミを読んでも、今ひとつ信頼していいものかどうか判断に悩みます。そこで、結局お店に行って店員さんに質問します。

「この中で一番いいものはどれですか？」

「いいもの」の定義は人によってまちまちでしょう。しかし、ほとんどの人がこんな質問をして、店員さんが「お客さまのご家庭でしたら、これが一番いいと思います。おすすめです！」と言ったものを買います。何を言いたいかというと、商品カタログにはセールスの仕組みがないため、見ても何を買えばいいのかわからないので、結局、お店で店員さんに「（自分にとって）一番いいもの」を聞いて、おすすめされたものを買うということです。（お客さまが「一番いいもの」を求める理由については「法則15　一番の法則」（176ページ）で詳しく解説します。）

メニューブックの3つの役割と9つのノウハウ

メニューブックの役割は、お客さまを「悩ませない」「惑わせない」、商品を「決めさせてあげる」の3つです。「ウチの店ではこれとこれを食べてください」「ウチの店はこれがイチオシです」「この料理はお得で絶対に損させません」などと、お客さまが商品を選ぶのを楽にしてあげることが役割です。

商品を選ぶことは、楽しいと同時に苦痛でもあります。なぜなら、「決める」という責任を負うことになるからです。「選んだ商品がおいしくなかったらどうしよう」「まずくてもガマンして食べないといけない」「ハズしたら一緒に来ている人たちにどう思われるだろう……」など、お客さまは心の中で恐怖と戦いながらメニューを見ています。

皆さんも初めて行ったお店では同じではありませんか？　私たちはプロなので、興味のほうが勝って「この商品はどんな感じだろう？　とりあえず頼んでみよう」となりますが、一般のお客さまはこうはなりません。

だからメニューブックは、「この商品を選んでくださいね」「この商品がおいしいです」「この商品がおすすめですよ」「これが当店イチオシの人気商品なんですよ」と瞬時に伝わるようにする必要があります。その意味で、メニューブックは営業パーソンなのです。

優秀な営業パーソンはお客さまの要望を引き出し、適切な商品をおすすめします。飲食店ではメニューブックがその役割を果たします。メニューブックを開いた瞬間に、お店のメッセージと商品の価値が的確に伝わることが重要です。これは「法則6」（66ページ）でお伝えしたストーリーの話に通じます。

以降、メニューブックを作る際の具体的なノウハウをお伝えします。

ノウハウ1　1ページに1カテゴリーを掲載する

ダメなメニューブックのレイアウトの共通点は1ページに入っている情報の量が多すぎることです。1ページの中に隙間なく商品が掲載されているのは、机の上が散らかっているのと同じです。見る人の混乱を招きます。先ほどお伝えしたように、お客さまにとってメニュー選びは責任を感じる苦痛をともなう作業なので、「探している商品がすぐに見つからない」は致命的なミスです。基本は1ページに1カテゴリー、最大で3カテゴリーまでです。

せっかくの楽しい食事の最中に、必要以上に頭を使いたい人はいないでしょう。それなのに、情報が多すぎて考え込ませる、読み込まないと理解できないメニューブックが非常に多いです。**開いた瞬間に、「このページはこの商品のカテゴリーね」と理解できる**ことが絶対条件です。そうすることで、そのページから1品を選んでいただけるようにお客さまを誘導できます。

ノウハウ② ページ構成の流れを決める

まずページの構成を決める必要があります。大切なことは、お客さまの頭の中をコントロールする、言い換えれば洗脳します。**どのような展開であればお店側の意図通りの流れと品数で商品を楽しんでいただけるか、お客さまの思考と感情をコントロールします。**「最初に何を見せて次に○○を見せる。するとこんな感情になるから、その段階で□□を見せる」という風に、思考と感情を軸に商品を見せる順番を決めます。私は「ページ繰り」と呼んでいますが、メニューブックのサイズ、左右どちらから開くのか、ページ数はどうなるのかなどを踏まえて構成を考えます。

カテゴリーの順番は軽いものから重いものへ、そして締めの食事メニューがあり、最後はデザートという流れにします。なぜなら、大半のお客さまの消費パターンがこのようになっているからです。最初は前菜的な軽いものから楽しんで、徐々に重たいものになり、満足度が高まってきたところで食事メニュー、そして最後はデザートという消費の流れがあります。

特に重要なのがデザートのページです。デザートを「最後の客単価を上げるために置いている」と考えているのなら、即座に考えを改めてください。お客さまにとっては食後のデザートが最新かつ最後の経験となります。お客さまの記憶にどのような感情を植えつけるかを考えたときに、デザートの重要性がいかに高いかを理解してください。**どれほどおいしい食事であっても、最後のデザートが残念ならば、お店に対する印象はその瞬間に地に落ちます。**デザートがおいしければ「デザートまできちんと気をつかったいいお店」となり、デザートがまずければ「せっかくの食事が台無しだ」となり、ネットに「二度目はない」と書き込まれます。

ノウハウ3　理念のページを先頭にもってくる

商品構成の流れとは別に、**最初のページに掲載すべき内容はお店や会社の「理念」です。**最初のページに理念を掲載して、お店や経営者がお客さまを想う気持ちを伝えます。それにより お客さまへのリスペクトが伝わるとともに、商品への期待感も高められます。また、お店のポジションも明確になります。結果、消費数の増加につながり、客単価も上がります。

理念を語るページは、現代の飲食店においては必須です。そのためには、最初に会社の理念をきちんと決めることが求められます。

ノウハウ4　イチオシ商品をトップにもってくる

商品ページの最初にはイチオシ商品、集客商品を載せます。これは絶対です。お店が最もおすすめしている商品であることを強烈にアピールしてください。1ページすべてを使ってこの商品だけを紹介します。人気商品であること、お店を代表する商品であること、口コミで拡散してほしい商品であることをアピールします。

このページでは商品のことをしっかり解説します。こだわりや構成要素はもちろん、どのような食感なのか、味の方向性はどうなのかなども説明します。すると、その内容が口コミ情報として拡散されます。お客さまが口コミサイトやSNSに投稿するときの「書き込むネタ」になるわけです。これが**「意図的にコントロールされた情報の拡散」**となり、ブランドの構築になります。

〈チキン南蛮〉

×悪い文章の例

手作りのタルタルと甘酢が合う当店だけの南蛮です。

○良い文章の例

お客さまから「ホントに胸肉⁉」と、言われるほどに柔らかでジューシー。これぞおぐら元祖の自慢の1品。

〈ホットドッグ〉

×悪い文章の例

プチッとはじけるソーセージに、たまねぎとケチャップ。粒マスタード入り。

○良い文章の例

アメリカの国民食であるホットドッグですが、一般的にはボリューム的にも軽食／ジャンクのイメージが強いと思います。そんなイメージを払しょくすべく、当店のホットドッグはしっかりと食事としても満足していただけるようなバランスを目指しました。当店で最も楽しんでいただきたいのは自家製ソーセージです。噛めば、パリッとした食感とともに身がはじける、歯切れの良さ。瞬時に鼻腔に抜ける、スモークの香ばしさ。口の中いっぱいに広がっていく、豚の上質な脂と濃厚な旨味。そんなソーセージの味を1人でも多くの方に体験していただきたいです。安心して召し上がっていただけるように、添加物や保存料は使用せず、手間暇かけて毎日店内で製造しています。ぜひご賞味ください。

〈五目あんかけ焼きそば〉

×悪い文章の例

当店人気ナンバー1メニュー。創業以来90年続く伝統の味。お子さまからお年寄りまで幅広く愛される味です。

○良い文章の例

とにかく具だくさんのたっぷりな餡（あん）が特徴です。シェアにもピッタリ。焼いた麺とトロトロの餡、2つの食感が楽しいメニューです。

〈担々麺〉

×悪い文章の例

①甜麺醤（テンメンジャン）で味つけたひき肉がたっぷり入った担々麺。店主がおすすめする看板メニューです。

②汁なし担々麺には、すべて、追い飯がつきます。

○良い文章の例

①ゴマの濃厚さとたっぷりの野菜の相乗効果に、肉味噌のコクと旨味があと押ししてきます。圧倒的で新しい今までにないオリジナルの担々麺です。混ぜて混ぜて20回ほど混ぜてお召し上がりください。

②自家製の胡麻ダレに枕崎産の鰹粉をブレンドし、鰹の旨味を効かせた和風出汁を合わせました。スープは提供直前にブレンダーで乳化させることで一体感を出した、鰹を感じる担々麺です。

〈お子さま煮込みハンバーグプレート　ごはん（ふりかけつき）またはパン　858円〉

×悪い文章の例

ごはん（ふりかけつき）またはパン

牛肉100％の柔らかな煮込みハンバーグをデミグラスソースで。ごはんはこれまでの70グラムから１３０グラムへとボリュームアップし、食べ盛りの年頃のお子さまにもご満足いただけるキッズプレートです。

（解説）

何が盛りつけてあるのかは写真を見ればわかるが、入っている商材を列挙しているだけの文章。煮込みハンバーグは子どもがヤケドしないか提供温度が心配になります。ハンバーグの形状も通常の大人が食べる形状のままで、子どもがナイフでハンバーグを切ることをどう考えているのか、母親の心理をまったく理解していない商品であり解説文です。グラム数を言われても消費者にはイメージすることも理解することも難しいでしょう。開発者目線の「ムダなプロ感」が出ている解説文です。カップスープの食器も片手で持つタイプ。お子さま用は安全のために両手持ちが当たり前であることを理解していません。おそらく子育てにうとい男性スタッフが開発したものと予想されます。

食べ盛りの子どもであれば、もうお子さまプレートはオーダーしないと思われます。設定年齢が不明確なお子さまプレートです。

また、売価設定も原価基準の設定。感覚的には９００円に近い感覚になってしまっています。親の立場で考えると、もっと安価なほうがオーダーしやすいです。

〈お子さまプレート（おもちゃ付き）　６９０円〉

○良い文章の例

お子さまが直接手で触れても大丈夫なように、すべて冷ましてからご提供します。お飲み物には氷は入れてありません。デザートも、食べ切れなかったときには、お持ち帰りいただけます。

（解説）

お子さまプレートをオーダーするのは母親です。子どもが食べるものに対する母親が感じる不安を取り除いている文章です。もちろん家庭では子どもが食べるものを冷ましてから提供しているので、手で食べることを前提として不安を払しょくしています。

飲み物に氷を入れないのも小さな子どもがいる家庭では当たり前。ドリンクは子どもの手でも持ちあげられる大きさであり、グラスを傾けてもこぼれないように蓋つきのカップに入れてあります。飲みやすいように先折れのストローが刺さっていて、母親がストローを指す手間も省いています。

デザートも市販品を使用することで、パッケージされているため持ち帰りできることも伝えています。から揚げなどは4カットされており、子どもの口のサイズに入るように事前に小さくカットしてあります。母親がカットする手間を省いています。手で持って食べられるような大きさにもしています。

食べ飽きて遊びたくなることを想定しておもちゃもつけています。先に子どもに食べさせてから、おもちゃで遊ばせておけるので、そのあとにお母さんはゆっくりとあたたかい食事がとれることをイメージできる文章です。とにかく、親の立場に立った商品であり解説文です。お子さまプレートの対象年齢は6歳以下と理解できます。

おもちゃがついて、売価690円と非常に良心的な設定です。この価格設定ならお子さまプレートをオーダーする確率が高まるでしょう。これ以上だと、母親が大盛などの商品を頼んで、それを子どもに取り分けて与えてしまう可能性が高まり、売上が伸びなくなるリスクがあります。この価格設定であれば、それを回避できます。

解説をないがしろにすると、お客さまは迷ってしまい迷路にハマってしまいます。

イチオシ商品、集客商品を軸にお店の商品構成が成立しているので、絶対にオーダーしていただくように最初のページに必ず掲載してください。第4章のセールス編で詳しくお伝えしますが、メニューブックの最初のページにイチオシ商品、集客商品が載っていることでセールス（おすすめ）がスムーズに行なえるようになります。

ノウハウ5 カテゴリーを明確に設定する

商品カテゴリーの設定（カテゴリー分け）は非常に重要です。ほとんどのお客さまが商品を選ぶ際には、メニューブックの商品カテゴリーの中からお目当ての商品を探します。まず「〇〇（食べたい商品）はどのカテゴリーにあるかな？」と考えます。大項目のカテゴリーを探し、小項目の商品を見つけるという順番です。ですから、カテゴリーの設定は皆さんが思っている以上に重要な作業です。

メニューブックが商品カタログ化してしているお店はカテゴリー設定がしっかりできていないため、狙った消費形態になりません。また、客単価も伸びず、売上も少なく、お店の特徴が正しく認知されなくなっています。

カテゴリー分けの最重要ポイントは、お客さまが探している商品が載っているカテゴリーのページを直感的に開けるようにすることです。そのためのカテゴリー分けには3つのルールがあります。

1つ目のルールは、カテゴリーを**「食材で分ける」**です。野菜、魚介類、牛肉、豚肉、鶏肉、麺、飯などの食材で分けます。

2つ目のルールは**「調理法で分ける」**です。サラダ、揚物、煮物、焼物、蒸し物など調理法で分けます。たとえば、お客さまが鶏のから揚げを探したときに、食材分けであれば鶏肉のカテゴリーに、調理法分けであれば揚物のカテゴリーを見るでしょう。このように、どこを開けば探している商品が見つかるかが感覚的にわかることが需要です。

3つ目のルールは、**「1カテゴリーに入れる商品数は最低3品、最高で9品まで」**です。3品以下、たとえば1品ならカテゴリーとして成立しませんし、2品では2択になり、選ぶ楽しさを演出できません。逆に9品以上の場合は、商品が多すぎて決め切れません。

最も良いのは3品もしくは5品で、多くても7品がギリギリというところです。

9品になる場合は、おでんの具材表記、串揚げや串焼きの種類などです。

このようなときは、鶏の串焼きが7品、肉の串焼きが3品、巻物が5品、野菜串が3品などとします。品数が多くなるときは細かく分けることで、直観的に商品カテゴリーを理解できます。こうすることで、お客さまがオーダーするときのストレスが軽減され、「ついつい頼んでしまう」状態になり、結果的に客単価を伸ばすことができます。

ノウハウ 6 プチ贅沢のカテゴリーを設ける

「プチ贅沢」は、私だけが提唱している新しいカテゴリーです。コロナ禍の影響で自粛生活が続いて外食が特別な体験となったときに生まれた**「久しぶりの外食だから、ちょっとだけ贅沢しよう」**という新しい欲求に対応したカテゴリーです。

プチ贅沢志向の効果はいまだに持続していて、浸透しつつあります。カテゴリーの名称は「ご馳走《ちそう》料理」「ご褒美料理」「おもてなし料理」「ちょっとだけ贅沢料理」「特別なお料理」「特別なおすすめ料理」「スペシャリテ」など、ほかのカテゴリーよりもランクが少し上で高付加価値商品がカテゴライズされていることが伝われば、どのようなものでもかまいません。

このカテゴリーを持つことで、お客さまがちょっと贅沢な気分になれますし、お店のポジションを上げる効果があります。既存店を改装する場合は、このカテゴリーが大きな効果を発揮して、お店のポジションを従来よりも1段上のステージに移行させることができます。

次の「法則11　3：4：6の法則」（130ページ）で詳しく解説します。

ノウハウ7　メニューブックを両A面にする

お客さまが商品を探すときは、料理を探すときとドリンクを探すときの2つの場合があります。もちろんドリンクメニューが別にあればいいのですが、テーブルが狭くてメニューブックを2冊も置けないというお店も多いでしょう。そんなときに有効なノウハウを紹介します。私がメニューブックを作るときは、フードとドリンクを1冊にまとめます。お客さまがメニューを使い分ける手間を省きたいからです。

そのため、右から開くとフードメニュー、左から開くとドリンクメニューというように、**どちらから開いてもA面となるようにページを構成します。**そして、フードメニューとドリンクメニューのそれぞれの最後（メニューブックの真ん中）にデザートがくるようにします。なぜならデザートに関しては、フードから探す人とドリンクから探す人がいるためで、どちらから探してもデザートにたどり着くようにしたいからです。

126～129ページに「ノウハウ1～7」を実現したメニューブックのページ繰りのサンプル（図10－3）を掲載しておくので、ご参考になさってください。

ノウハウ8 メニューブックは鮮度が命

売上が低迷しているお店のメニューブックの特徴は、「悲惨な状態のまま使い続けている」です。ボロボロの状態であってもかまわず何年も使っています。

たとえば、ラミネート加工の端がめくれ上がって切れている、食べ物のシミがついている、水分を吸いふにゃふにゃ波打っているなど。それにもかかわらず、平気で使い続けているお店がたくさんあります。

私は常日頃から、クライアントやセミナー受講生に**「メニューブックは鮮度が命」**と伝えています。鮮度とは、きれいな状態であることはもちろん、掲載している情報も常に最新の内容であるということです。

以前サポートしたあるお店のメニューブックは次のような状態でした。きちんと製本された特注品でしたが、価格の部分だけシールが貼られていました。いつから使用しているのかを尋ねたところ、何と15年以上前からとのことで、その間一度もメニュー内容を変更することなく価格だけ上げてきたそうです。シールが貼られている周りの箇所はベトベトしており、何度もシールが貼り直されていることがわかります。

このようなことは最もやってはいけないことです。通常は離客につながる致命的なことです。たまたま近くに競合店がなかったので、大きな離客はありませんでしたが、客層が高齢化してどんどん客数が減少しており、かつては3000万円あった月商が1500万円にまで下がっていました。メニューとお店がともに老朽化していたのです。

ノウハウ 9　メニューブックに必要以上に予算をかけない

これまでさんざんメニューブックの重要性を語っておきながら、いきなり「予算をかけるな」となったので、「何を言っているんだ！」と思われる方もいるかもしれません。しかし、これまでお伝えしてきたことは、それほど予算をかけなくても実施できることばかりです。特別なメニューブックを作る必要はありません。私は基本的に既製品のメニューブックしか使いません。**安価に部数を確保できること、追加の補充がききやすいこと、ポケットファイル形式でページ数の増減が可能**なことを原則としています（次ページ図10－2）。

それよりも私が推奨するのは、まず**「プロのグラフィックデザイナーにデザインを依頼する」**ことです。素人がデザインしたものとは完成度がまったく違います。デザイン成果物はデータで受け取り、それをプリントショップで印刷してもらいます。プリントアウトをポケットファイル形式の既製品のメニューブックに入れて完成です。わざわざ予算をかけて印刷屋さんに依頼をする必要はありません。

図 10-2

ディナーメニューブック

メニューブックカバー　えいむ　GB-12　ブラウン　21冊
メニューブックポケット　えいむ　GBB-A4　126冊

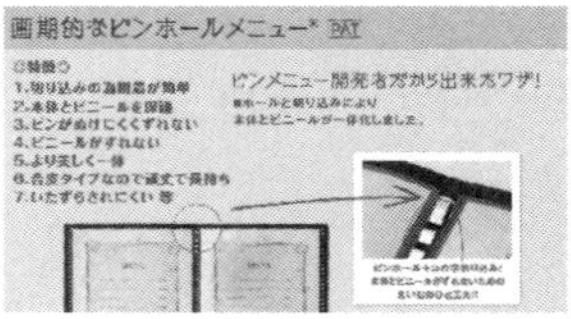

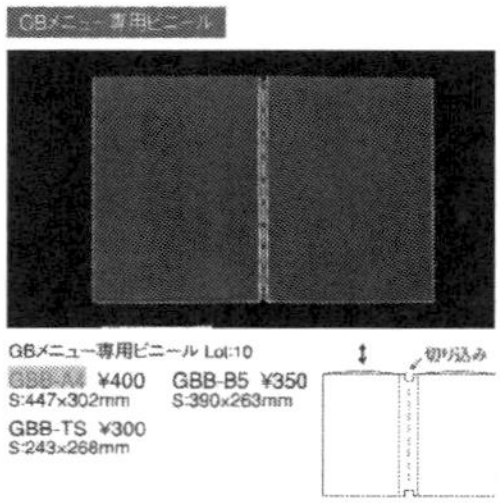

ランチメニューブック

メニューブックカバー　えいむ　FM-111　グレー　21冊
メニューブックポケット　えいむ　BP-A41　84冊

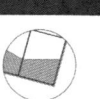

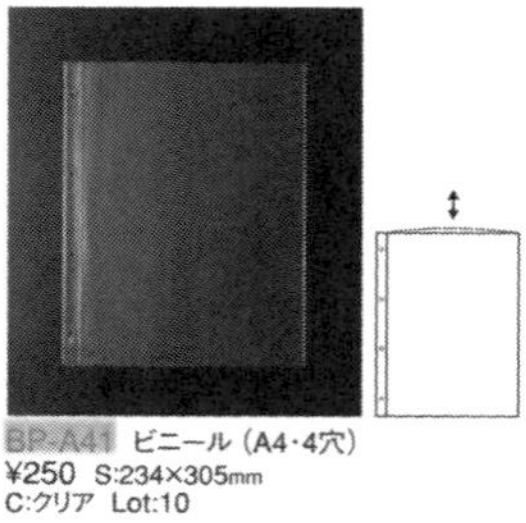

ポケットファイル形式のメニューブックはネットで入手できる

データが手元にあれば、いつでも商品説明や価格などを修正できますし、汚れたら新しいものをプリントアウトして取り換えることもできます。これにより常に最新かつ清潔な状態にメニューブックを維持管理できます。

もう1つ必ずやっていただきたいのは、**写真はプロのカメラマンに撮影してもらう**ことです。プロは使っている機材も撮影技術も素人とは格段の差があります。最近では、簡単にプロカメラマンに依頼できるサイトがあります。積極的に活用しましょう。

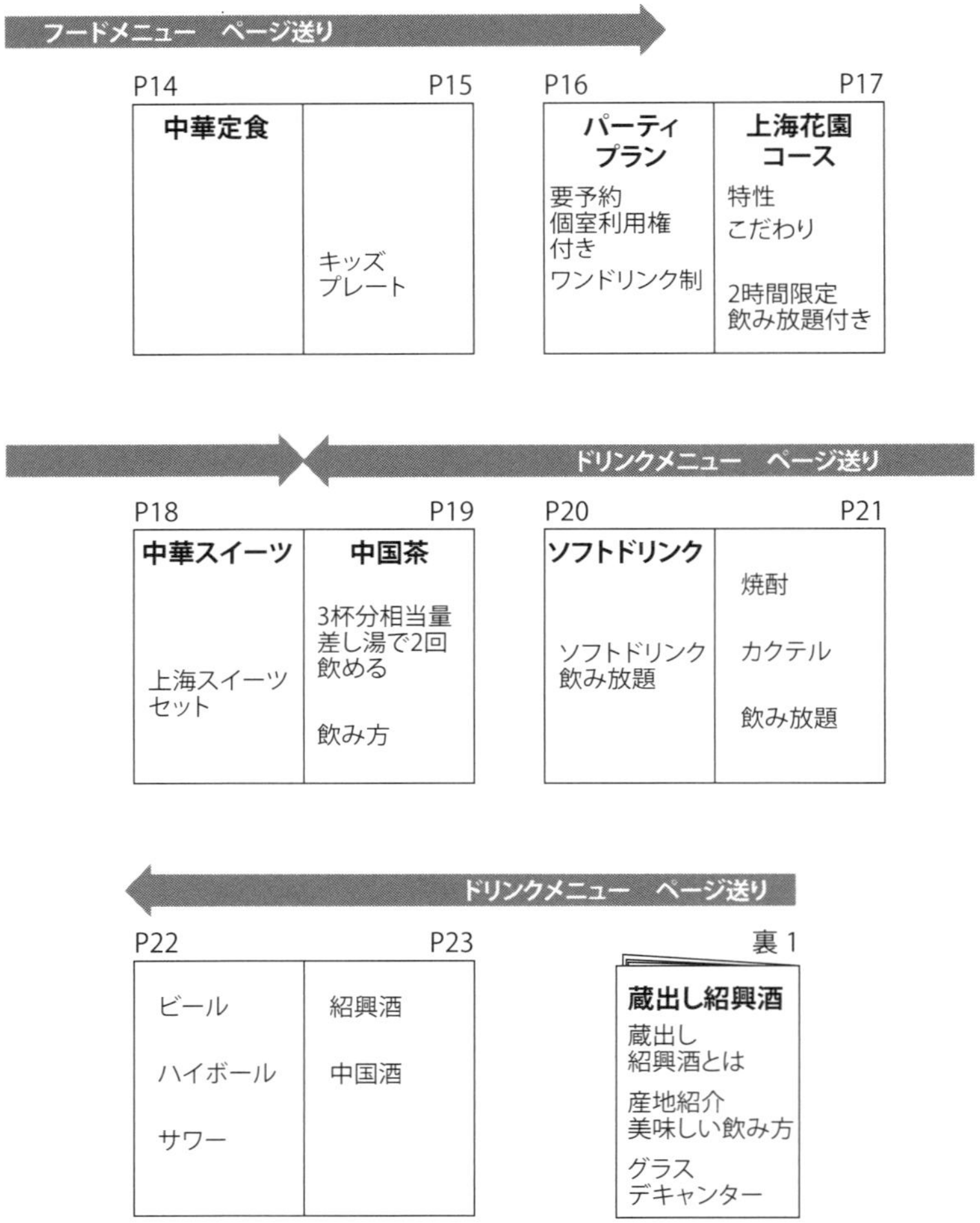
フードメニュー　ページ送り
P14
P15
中華定食
キッズ
プレート
P16
P17
パーティ
プラン
要予約
個室利用権
付き
ワンドリンク制
上海花園
コース
特性
こだわり
2時間限定
飲み放題付き
ドリンクメニュー　ページ送り
P18
P19
中華スイーツ
上海スイーツ
セット
中国茶
3杯分相当量
差し湯で2回
飲める
飲み方
P20
P21
ソフトドリンク
ソフトドリンク
飲み放題
焼酎
カクテル
飲み放題
ドリンクメニュー　ページ送り
P22
P23
ビール
ハイボール
サワー
紹興酒
中国酒
裏1
蔵出し紹興酒
蔵出し
紹興酒とは
産地紹介
美味しい飲み方
グラス
デキャンター

図 10-3　「ノウハウ1～7」を実現したメニューブックの例①グランドメニュー

◆グランドメニュー　ページ繰り

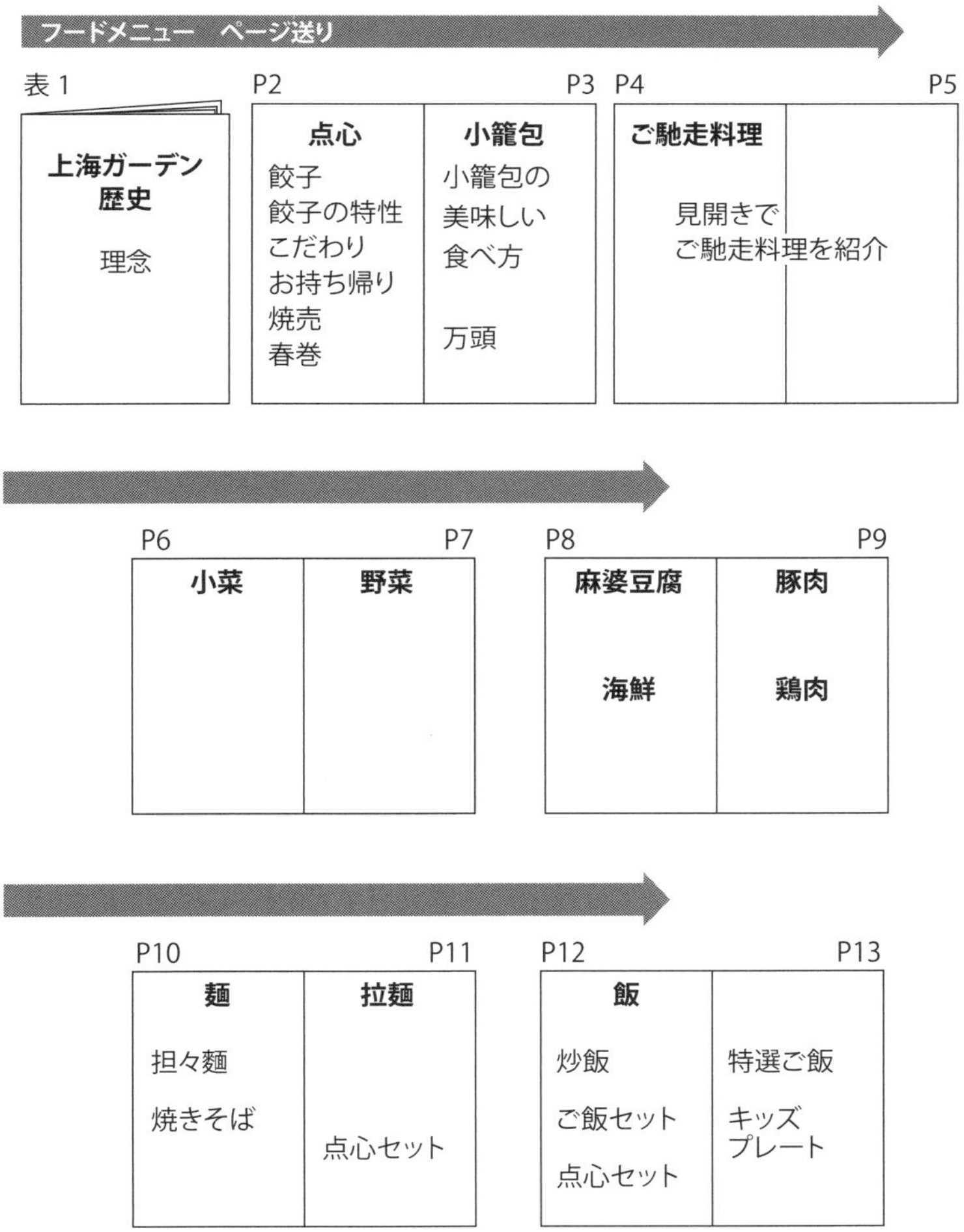

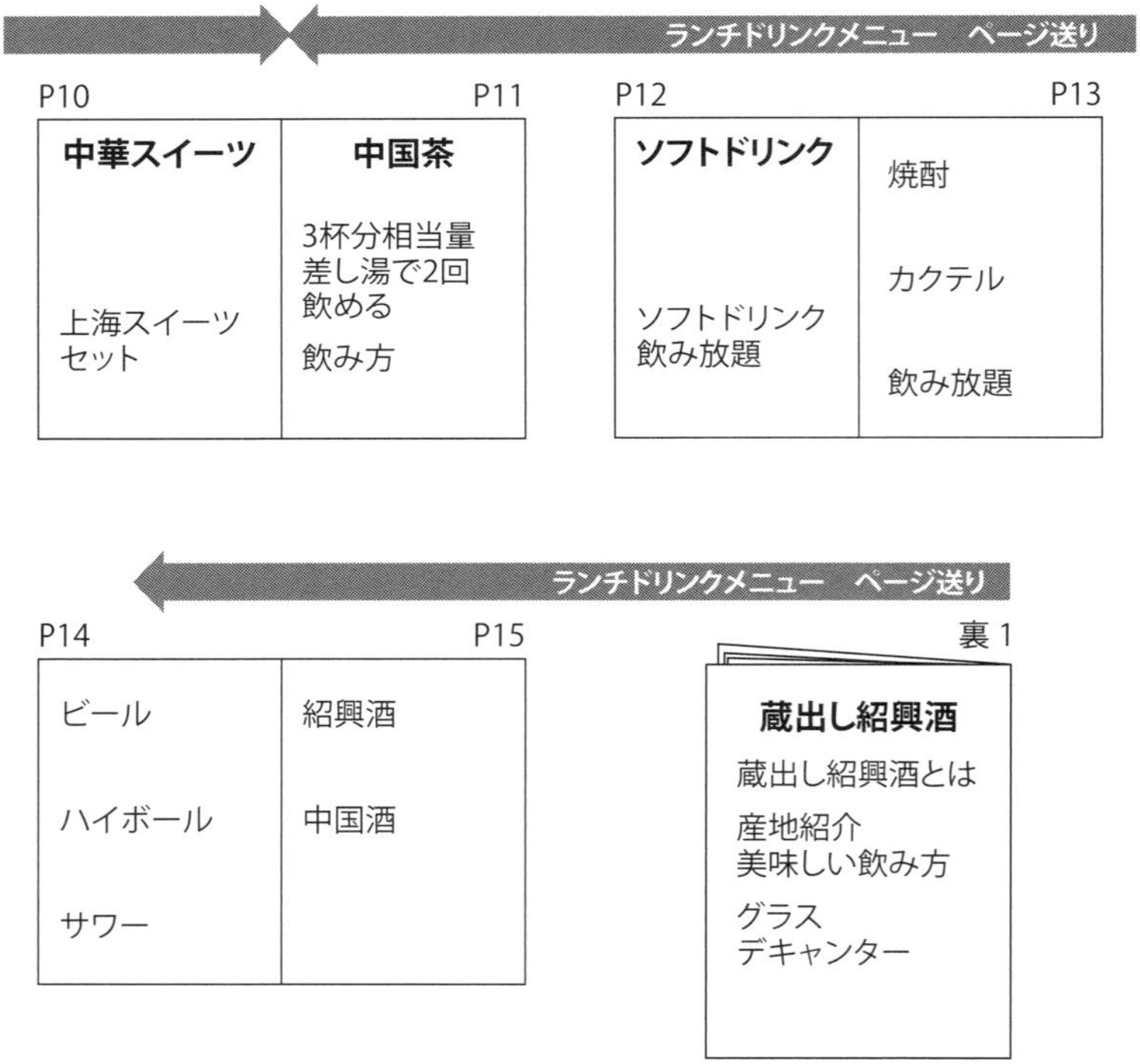

ランチドリンクメニュー　ページ送り
P10
P11
P12
P13
中華スイーツ
上海スイーツ
セット
中国茶
3杯分相当量
差し湯で2回
飲める
飲み方
ソフトドリンク
ソフトドリンク
飲み放題
焼酎
カクテル
飲み放題
ランチドリンクメニュー　ページ送り
P14
P15
裏 1
ビール
ハイボール
サワー
紹興酒
中国酒
蔵出し紹興酒
蔵出し紹興酒とは
産地紹介
美味しい飲み方
グラス
デキャンター

図10-3　「ノウハウ1～7」を実現したメニューブックの例②ランチメニュー

♦ランチフードメニュー　ページ繰り

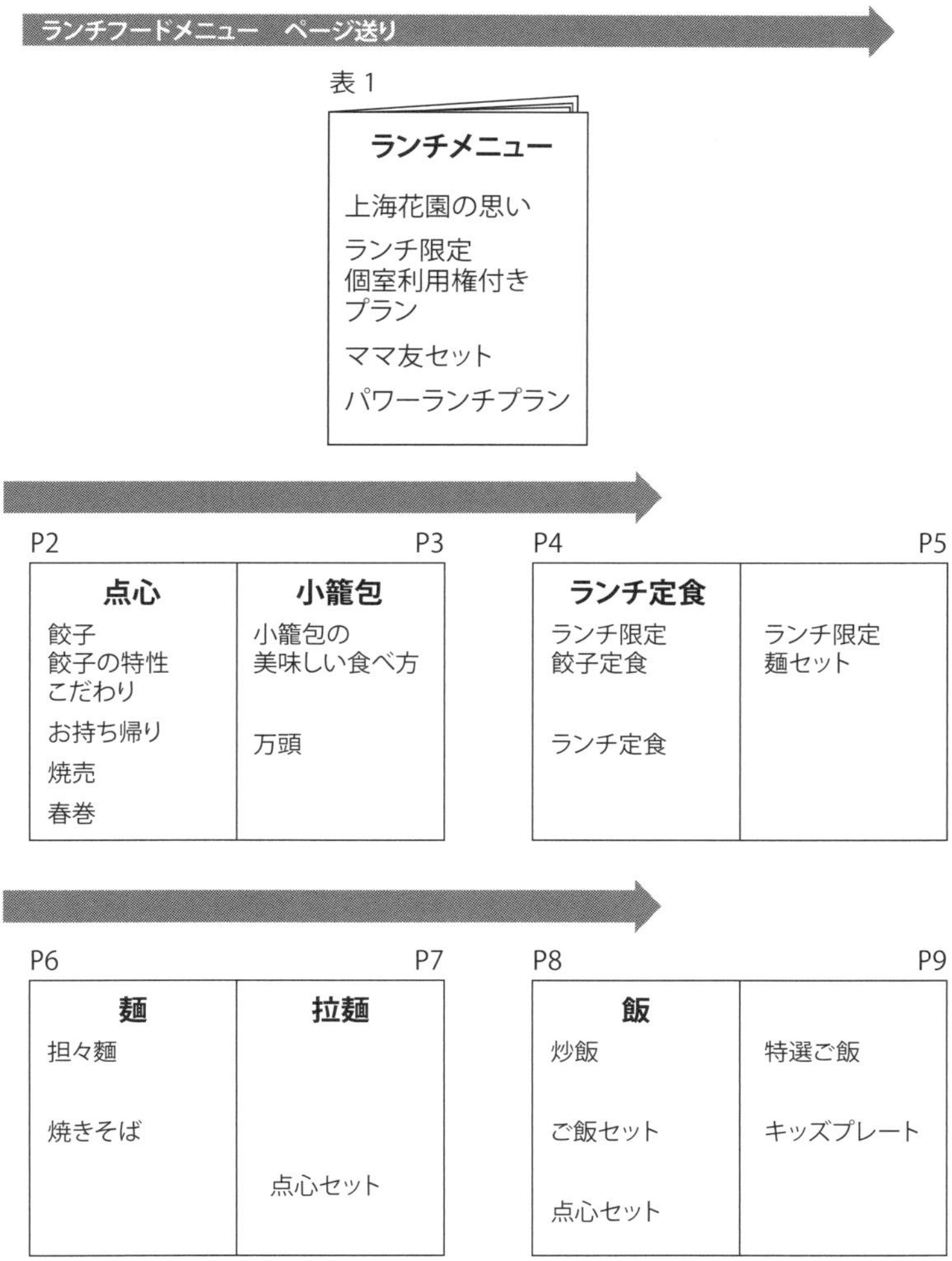

法則 11

3：4：6の法則
販売比率を自由にコントロールする価格設定のやり方

POINT

! 本当に売りたい集客商品とガッチリ儲けるための利益獲得商品の2つを用意する
! 「売らない商品（売れなくていい商品）」を意図的に作り出すことで、お客さまが迷わずに「売りたい商品」「価値の高い商品」をオーダーできるように誘導する

「見せるだけの商品」を導入して「本当に売りたい商品」を売る

客単価を上げる際に最も注意が必要なことは、「高くなった」と思わせないことです。**高くなったと思わせるのではなく、「これまでよりもさらに良くなった」と思わせる必要があります。**そのためには心理学を有効に活用し、お客さまの感情と思考をコントロールする必要があります。その具体的な方法を解説します。

先ほど「法則10」でメニューブックの重要性と、どのような考え方にもとづいてメニューブッ

クを作ればよいかを解説しました。このコーナーでは掲載する情報の質と出し方、そして最も大事な価格設定の絶対法則を解説します。もちろん価格設定の基準は、「法則8」（83ページ）の「価値基準の法則」にもとづいていることが前提です。これらの施策を併用することで「高くなった」と感じさせずにスムーズに値上げができます。

ところで、皆さんは**「アンカリング効果」**という心理学用語をご存じですか？

簡単に言うと**「人は先に得た情報を基準にする」**ということです。誰もが商品を買うときは、複数の商品を比較・検討しますが、多くの場合、最初に見た商品の価値・価格を基準にして次の商品を判断します。最初に見た商品に比べて内容がどうなのか、価格と商品価値の優劣はどのようになっているかを確認し、納得した上で買いたいと思います。

最初にお伝えすることは、このアンカリング効果（お客さま心理）を狙って、「見せるだけの商品」を用意するテクニックです。**比較対象として「見せるだけの商品」を導入することで、自分が本当に売りたい本命の商品が集中的に売れるようにできます。**このやり方はかなりトリッキーですが、効果てきめんです。さらにアンカリング効果のすごいところは、「売りたい商品」「売れるとラッキーな商品」「売れなくてもよい商品」を自分の意図通りに売り分けられる点です。

本当に売りたい集客商品とガッチリ儲けるための利益獲得商品

詳しく解説しましょう。まず売りたい商品を決めます、もちろんこれは集客商品として意図的にアピールする狙いがある商品です。これまでも売れていた商品を改良し、さらに価値を高めた自信作ですが、これまでよりも売価を上げます。

仮に、これまで980円で販売していたとしましょう。その新商品の価値を上げて、商品のビジュアルから感じられる価値が1480円だとしたら、それよりも10％ほど下の1280円に売価を設定します。すると、感じられる価値は1480円なのに販売価格は思ったより安い1280円で、しかも食べたらものすごくおいしい。すなわち、お客さまが「コストパフォーマンスがすごい！」と思うような商品に仕立て上げます。

しかし、従来980円だったことを覚えているお客さまも一定数いるため、「価格が上がった！」と感じられる危険性があります。そこで値上げを感じさせないために、さらに高価な、たとえば1880円のもっとすごい商品を開発します。これでもかというほどに豪華にして、見た瞬間に「すごい！」と感じられるようにします。この商品は原価もしっかりとかけて、利益もしっかりと確保するようにします。

この1880円の商品をメニューブックの該当カテゴリーの最初に目に入るところに載せます。商品解説には開発ストーリーをしっかり書き込み、こだわりを表現してとにかく目立つようにします。すると、ほとんどのお客さまが「これはすごい、食べてみたい。でも、この値段だと手が出ない。今日のところはやめておこう」と感じます。そして、すぐ下を見ると似たような感じだけれど、お手頃な価格（たとえば1280円）で十分に満足できそうな商品があります。すると、多くのお客さまは「これで十分」と思い、オーダーします。実は、これこそが本当に売りたい**「集客商品」**なのです。

これで「見せメニュー」の完成です。**本当に売りたいのは1280円の集客商品、売れるとラッキーなのは1880円の商品、そして売れなくてもいいのが、さらに低単価ながらもしっかりと利益は確保した商品です（たとえば980円）。**

この場合、原価の考え方は次の通りになります。まず1280円の集客商品です。

売価：1280円　原価額：350円　原価率：27%　利益額：930円　利益率：73%

集客商品にするために、あえて基準原価率を少しオーバーした27%程度にして、原価額は350円です。それまで販売していた980円の商品の原価率が仮に30%だとすると、原価額は294円です。この段階で原価額が56円アップするので、大きな価値を提供できるでしょう。

これを遵守して、1880円の商品を考えます。この商品の目的は、豪華さを演出してしっかりと利益を確保することです。原価に関する考え方は次のようになります。

売価：1880円　原価額：450円　原価率：24％　利益額：1430円　利益率：76％

基準原価率の25％を下回りますが、原価額は450円もかけています、すると当然、提供価値は非常に高くなります。注目すべきは利益額です。1品売れただけで1430円も利益を確保できます。このような商品は、ある一定数が確実に売れるので、売上の分母を上げますし、平均客単価も上がります。さらに、利益もしっかり確保できます。

私はこのような意図を持って開発する商品を**「利益獲得商品」**と呼んでいます。「損して得取れ」にもとづいて用意した集客商品でお客さまを呼び込み、利益獲得商品でしっかりと利益を確保します。もちろん、**すべてのカテゴリーに集客商品と利益獲得商品を用意します。**セットでラインナップし、価格誘導を行なうことでお客さまの消費をコントロールできます。

売上と客単価を爆上げする「3：4：6の法則」

実は、もっと強烈にコントロールできる施策があります。それが「3：4：6の法則」です。その効果は絶大で、たった2日で客単価を500円上げたケースもあります。

「3：4：6の法則」とは、3種類の価格を設定し、その比率を3：4：6にすることです。

仮に300円を1単位とするならば、3に当たる商品の価格はは「300円×3」で900

円です。同じように4の価格は1200円、6の価格は1800円となります。価格の比率をこうすることで、商品の購買率をコントロールできます。

ただし、ここで大事な注意点があります。価格の比率の差異と、価値の比率の差異の違いをきちんと理解していないと、悲惨なことになってしまいます。どういうことかと言うと、最も安い商品が売れすぎてしまい、利益確保も売上の母数を伸ばすことも不可能となり、疲弊感だけが積み重なります。ですからここでお伝えする内容をしっかりと理解して、絶対に法則を守ってください。

以前この法則を教えたものの勘違いして、3の商品の価値設定を間違えたクライアントがいました。その結果、一番安い3の商品がバンバン売れてしまい、忙しい割には売上が伸びず、もちろん利益も確保できず、最も避けたかったクレームが頻繁に発生することになりました。もちろん、私は事前に大反対しましたが、クライアントは自らの恐怖心（安いからといって価値を下げるとお客さまに嫌われてしまうのではないかという恐怖）に勝てずに間違った価値設定で商品を提供してしまいました。

1カ月も立たないうちに内容の変更依頼があったため早急に改善しました。最初にこの話をしたのは、皆さんも同じあやまちを犯す可能性があるからです。くれぐれもご注意ください。

さて、本題に戻ります。

先ほどの事例に出てきた1280円と1880円の商品ですが、「3：4：6の法則」を完成させるためには、一番安い価格の商品が必要になります。その商品の価格は従来の商品と同じ980円に設定します。

980円を3で割ると326円です。4倍すると1306円ですから、扱いやすい1280円にします。同様に6倍すると1956円です。これも扱いやすくするため1880円にします。すると、「3：4：6の法則」通りの価格になります。

まず、ここまでを理解してください。

次に最も大事な**「価格と価値の整合性」**の設定です。それぞれ「豪華な6」「バランスの取れた4」「ちょっと残念な3」にします。そうすると、お客さまが売価と価値を比較したときに、6の商品を見て「確かにいいけれど、ここまではいらないかな」とか、「これは豪華でいい、一番おいしそうだ」などと思います。4の商品を見たときには「あっ、これでいい。十分豪華だしお手頃だ」とか、「これが一番バランスがいい。一番下の商品は論外だし一番上の商品ほど豪華でなくてもいい」などと思います。3の商品を見たときには「この内容でこの価格？ちょっとこれはないかな」とか、「これが一番安くていい。高い商品とそれほど中身も変わらないし。これで十分」などと思います。**どの価格帯であっても、すべてのお客さまがそれなりに納得して購入します。**

価値の設定を間違えると儲け損なう

「法則1　間違った値下げの法則」（24ページ）で紹介した「安さ納得消費」のお客さまは、必ず20％程度はいるので、内容よりも価格優位性が高い商品を用意することは非常に重要です。

この場合の原価に関する考え方は次のようになります。

売価：980円　原価額：220円　原価率：22％　利益額：760円　利益率：78％

このように、意図的に原価を抑えます。商品内容をバージョンダウンすることに、強い抵抗感を抱く方が多いですが、**この施策の狙いは〝売らない商品（売れなくていい商品）〟を意図的に作り出すことで、お客さまが迷わずに〝売りたい商品〟、〝価値の高い商品〟をオーダーできるようにすることです。**ところが多くの方が、勝手にお客さまの反応をイメージしてしまいます。安い商品の価値が低いとお客さまに嫌われたり、怒られるのではないかと恐怖を感じるのです。しかし、心を鬼にして決断しなければなりません。

安いポジションの商品を意図的にラインナップすることで、まんべんなく広い客層を獲得できるようになります。「モチベーションは狭く、客層は広く」が飲食業の鉄則ですから、低単価の商品を用意することは重要です。

正しい価値設定「豪華な6、バランスの良い4、ちょっと残念な3」で商品を提供すると、売上比率は6が30％、4が50％、3が20％となります。しかし、自分の恐怖心に負けて、価値設定「それほどの価値のない6、バランスの良い4、まあまあイケてる3」としてしまうと、売上比率は6が20％、4が50％、3が30％となってしまいます。6と3の売上比率が逆転してしまいます、6と4が売上の70％なのかと、4と3が70％なのかは大きな違いです。

数字で確かめてみましょう。仮に総販売数が100食として計算します。まず価値設定が正しい場合には表1のようになります

一方、恐怖心に勝てずに間違った設定をしてしまうと表2のようになります。

差益は9000円です。仮にこれが1カ月

表1

売価	1880円	1280円	980円
販売数	30	40	20

売上
12万7200円

表2

売価	1880円	1280円	980円
販売数	20	40	30

売上
11万8200円

の結果だとしたら、年間で10万8000円も違ってきます。利益は1カ月で6700円、年間で8万400円の損失です。店舗ベースの平均利益率は10％程度ですから、リカバーするためには年間売上を80万円上げる必要があります。

当然ながら、追加で80万円の売上を確保するためには、それに見合った集客が絶対条件となります。スタッフの労力も今よりも増えるので不満の声があがってもおかしくはありません。年間80万円の売上獲得を目指さなくても、売上比率をコントロールするだけで手元に残るお金が増えます。もし、この差額を見て「思っていたほどでもないな」と感じた方がいたとしたら、それは非常に危険なことです。そのあなたのその「ゆるい考え方」が望ましい現実を引き寄せられない阻害要因となっていることに気づいてください。

135ページで紹介した間違った価値設定の事例では、6が10％、4が45％、そして何と3が45％と、3と4の比率が同等になり、6のオーダーが極端に減少してしまいました。原因は、「お客さまにこんな商品は提供できない！　お客さまに嫌われる！」と、経営者が恐怖心に負けてしまったからです。

大事なことは、「3：4：6の比率に価格を設定する」ことと「価値の設定を正しく行なう」ことの2つです。これまでの商品を最も安い価格に設定することで、確実に客単価を上げることができます。先ほどの販売比率のところで説明したように、20〜30％のお客さまは確実に高単価の商品を買うからです。

たった2日で客単価が500円も上がった！

この法則を導入した長野県のあるイタリアンレストランの事例を紹介します。このレストランは、私が訪問する前は、一番人気のカルボナーラのランチが1650円、オイル系パスタのランチが1260円、鯛を使ったトマトラグーのパスタが1780円でした。この価格設定と商品価値を見たときに強い違和感を抱き、オーナーシェフに即座に修正したほうがよいとお伝えしました。

「『腐っても鯛』いうことわざがあるくらいです。鯛を使用しているパスタが、カルボナーラと130円しか差がないのはおかしい。適正価格は2520円です」

さらに、「もし売価を2520円にしたら、トマトソースにはもっとたくさん鯛を入れて旨味とコクをプラスできますよね？　皮目をパリッと焼いた切り身を2つ乗せられますよね？」とうかがったところ「十分できます」とのことでした。

このオーナーシェフのすごいところは、私が商品内容の変更、価格設定、その意図をお伝えしたところ、即座に「そうだよ！　ウチのお客さまはおいしいものを食べたくて全国からやって来ている。安いものを食べに来てるんじゃないんだよ！」と言い、「さっそく明日からそうします。ありがとうございました」とその通りにしてくれたことです。

下の写真が変更後の商品です（図11－1）。

図11-1

バージョンアップした「鯛のトマトラグーパスタ」

翌日から2520円の鯛のトマトラグーパスタのオーダー数が伸びて、何とたった2日で客単価が500円も上がりました。私は価格設定の基準に関する考え方をお伝えして、商品の方向を示唆しただけです。

このレストランは、長野市にあった「リストレンテ　フローリア」というお店です。ユーチューバーとして有名なシェフロピアさんのお店でしたが、現在は閉店し、ロピアさんは2023年8月についに念願の東京進出を果たしました。ちなみに、閉店前にフローリアさんを再訪したときには、3300円のランチコースを提供していました。

ロピアさんのお話をうかがうと、「価格変更後、客単価が落ちることはなく、お客さまの層も変わって理想的な状況になっている」とおっしゃっていました。

3：4：6の法則を正しく理解して、適切な価値設定を行なうことで、商品の売れ行きを意図的にコントロールできます。135ページでお伝えした、3の価値を上げすぎたレストランも、その後改善したおかげで、3が20％、4が50％、6が30％と適正な状態になりました。このレストランの事例は、パーティーコースの価格設定だったのですが、販売比率が想定通りになったこともさることながら、パーティーの獲得数が激増しました。それまでほとんど倉庫状態だった2階の宴会スペースが、改装後は毎週末パーティーの予約でいっぱいになっています。

法則
12

価格感覚の法則

お客さまは本能的に「高いものはいいもの」と感じる

POINT

- お客さまは「高いもの＝いいもの」「安いもの＝良くないもの」と無意識に判断している
- 高額商品を売るときはお店が「お客さまのモチベーション」をしっかり提示する
- 自分たちが「売る商品を絶対に決める」と〝決めておく〟ことが重要

お客さまは「高いもの＝いいもの」と考える

先ほど「法則11」で「3：4：6の法則」をお伝えしました。この法則で最も大事なことは、「6の商品」の価値を上げて提供することです。それにより、最も売りたい「4の商品」が引き立つようにするわけですが、これをさらに強固にするのがこの「価格感覚の法則」です。

お客さまは「高いもの＝いいもの」「安いもの＝良くないもの」と、商品の価値を無意識の

うちに判断しています。価格が高いものは、それ相応の価値があるから高いのであって、逆に安価な商品には「安い理由」があるのだろうと考える傾向があります。

これは当然のことです。高価な商品は吟味した良い材料が使われており、作るのにも手間がかかっていると考えるのが普通です。一方、安価な商品はその逆だろうと考えます。お客さまは無意識のうちに値づけの理由を考えて、検証作業をしています。

25ページでも述べましたが、2001年に牛丼チェーンの価格が軒並み100円以上、下がったことがありました。そのときにお客さまからあがった声は、「肉の量が極端に少なくなった」「牛肉の質が悪くなった」「米が格段にまずくなった」などでした。「これほど値下げができたのは、裏に何かあるはずだ」と多くのお客さまが考えて、ネガティブなウワサが瞬く間に広がったのでした。このようにお客さまは常にさまざまなことを考えながら消費しています。

「高価なものは優れた商品であり、安価なものは価値が低い」と、価格と商品価値を連動させる心理効果を「ウェブレン効果」といいます。この効果を利用することで、意図的に高い商品を売ったり、値上げした商品を安く感じさせたりして、自分が売りたい商品を思い通りに売ることができます。ここで紹介する「価格感覚の法則」では、ウェブレン効果を活用します。

「価格感覚の法則」の使い方

詳しく解説しましょう。先ほどの「３：４：６の法則」では、３つの商品が必要でしたが、「価格感覚の法則」の場合、商品は2つでも、３つ以上でもかまいません。**必要なのは、お客さまが比較・検討できることです。**

たとえば、パーティーのコースが2つあって、それぞれの価格が３６００円、４８００円だったとします。このときにお客さまは、コースの内容を確認して、どちらがより自分たちの要望にマッチしているかを考えて選びます（一方お店側には「なるべく高いほうを売りたい」という気持ちがあります）。

このように商品が2つある場合、一般的には安価な商品のほうがより多く売れます。きちんと統計をとったことがないので正確なところはわかりませんが、私個人の感覚では7：３で安価な商品のほうが売れます。

これを踏まえて「価格感覚の法則」を導入します。

たとえば、３６００円のコースは料理が7品提供され、４８００円のコースは料理9品とデザートが提供されるとします。さて、どちらが売れると思いますか？

ほとんどの人が「安いほうが売れる」と考えるはずです。ところが、そうとは限らないのです。ここでのポイントは「どちらが売れるか」よりも、「どちらの商品がお客さまのモチベーションに合致しているか」です。安さを優先するお客さまに売れるのは当然３６００円のコースですし、内容の充実度を求めるお客さまであれば４８００円のコースを選ぶでしょう。必要なのは、このお客さまのモチベーションを理解した上で価格を提示することです。

3600円のコースを選ぶお客さまは、「ドリンクを入れても5000円くらいでおさめたい」と考えている可能性が高いです。「5000円でおさめたい」という感覚はご理解いただけると思います。「法則4」（50ページ）でお伝えした、お客さまの予算感です。

仮にコースとは別に飲み放題が2時間1600円であれば合計額は5200円です。5000円の予算感を持つ人のぎりぎりの許容範囲内です。これが5500円になると途端に売れなくなります。6000円に近い感覚になってしまうからです。

少し話がそれますが、多く見られるのが、こんなときに飲み放題をつけて5000円ぴったりにおさめてしまうケースです。一見5000円でキリがよくなるので、お客さまも支払いやすいでしょう。しかし、利益追求という観点からは、あと200円を貪欲に獲得しにいくべきです。数字を使って説明しましょう。

仮に10名様のパーティーが月間8本あったとしましょう。価格設定が5000円の場合、5000円×80名＝40万円の売上です。一方5200円の場合、5200円×80名＝41万6000円です。この月間1万6000円の差額が5年継続すると、何と96万円にもなります。しかもこれは丸々利益です。「法則11」（130ページ）でもお伝えしましたが、「1カ月で1万6000円程度か……たいした金額ではないな」という「ゆるい考え方」を持ったとしたら、即座に修正してください。そうしないといつまでたっても儲けることはできません。

私がサポートしたお店で実際に導入した事例では、一番高いコースが飲み放題と合わせると6050円という価格設定ですが、安定して30%の取得率があります。しかもそのコースを選ぶのは、最も理想に近いペルソナに沿ったお客さまです。客単価を上げることにより、お客さまの層は確実に高くなり、お店にとっては理想的なビジネスを展開できるようになります。実は、6050円の50円に大きな意味があるのです。あえて6000円にまとめないことで、お客さまにお店の価値と姿勢が伝わるのです。

話を戻します。3600円のコースをどのようなモチベーションを持つお客さまをターゲットとするのかを明確にして、メニューブックの文字情報で伝えます。ターゲットはお客さまの感情です。お伝えするメッセージは、たとえば、「たくさんの料理をお酒と一緒に楽しみたい方に」といった感じにします。すると、お客さまの中に金額と連動した〝ある感覚〟が発生します。これによって5000円以内でおさめたいと思っていたとしても、「飲み放題をつけると5200円か……でも、だいたい5000円だし、内容も良さそうだから200円くらいオーバーしてもいいや」となります。

5000円からオーバーした金額が、200円もしくはギリギリ400円までは許容できますが、5500円になってしまうと5000円と6000円の中間になってしまいます。すると5000円という金額はもうすでに6000円に近い感覚になってしまうため売れません。

これも「法則3　数字が持っている説得力の法則」（43ページ）が成せる業《わざ》です。

5000円もオーバーしてしまうと、価値・価格の感覚が6000円のほうに寄ってしまい、売れなくなります。

一方4800円のコースでは、飲み放題をつけると6200円です。ここで考えなければならないのは、「6000円を払う、もしくは払いたくなるのはどういうときなのか」「どういう想いがあるとこの金額を払おうとなるのか」を分析・検証・仮定することです。多くの飲食店で「とりあえず6000円くらいのコースも用意しておこう」などと考えて、安易に価格設定をしてしまい、コース内容が見合っていないケースが散見されます。

そうではなく、**高額商品の場合はお店サイドが、「お客さまのモチベーション」をしっかりと提示してあげることが重要です。**お客さまがメニューブックを見た瞬間に「これだ！」と迷わず決めさせてあげましょう。

そこで4800円のコースの説明は、「せっかくの記念日だから豪華なおもてなしをと、ご希望されている方のために」などとします。ハレの日で、いつもよりも豪華におもてなしをしたいと思っているお客さまであれば、この高額コースを選びます。

このように「価格感覚の法則」を活用して、お客さまのある特定のモチベーションを獲得するように商品内容と価格を設定することで、「売りたい商品」を「欲しいと感じているお客さま」に確実に届けることができます。するとお客さまのお店に対する評価も高まり、満足度も高くなります。ＳＮＳや口コミサイトに好ましいことが書かれやすくなります。

「売りたい商品」と「売れたらラッキーな商品」の価格設定

最後に、最もシンプルな「価格感覚の法則」をお伝えします。

たとえば、あるカテゴリーに９８０円と１２８０円の２つの商品があったとします。まず「どちらを売りたいのか」を決める必要がありますが、その前に**重要なことは、自分たちが「売る商品を絶対に決める」と〝決めておく〟ことです。**決めることで、お客さまに幸せな体験をしていただけるように誘導できるのです（各カテゴリーで「必ず売りたい商品」を決めましょう）。

もし９８０円の商品を売りたいのであれば、１２８０円の商品価値をちょっと残念にしておきます。たとえば、９８０円の商品は原価率を28％の設定にして、原価を２７０円程度にします。一方１２８０円の商品は原価を３００円に設定して、原価率を23％程度にします。すると原価は30円ほどの違いですから、お客さまが感じる価値が価格とミスマッチになります。間違いなくコストパフォーマンスが高い９８０円の商品が売れます。１２８０円の商品は、お店にとっては売れるとラッキーな商品になります。

１２８０円の商品を売りたいときは、先ほどとは逆のことを行ないます。１２８０円の商品は原価率を26％に設定して、原価額を３３２円とします。９８０円の商品は原価率を22％に設定し、原価額を２１５円にします。原価で１１７円も差をつけておきます。

すると、お客さまにとって１２８０円の商品は価格感覚的に見合った価値が感じられ、一方９８０円の商品の価格には違和感を覚えます。そのため１２８０円の商品が売れやすくなります。ただし、安さを重視するお客さまも必ず20％程度はいるので、そうした方たちは９８０円の商品を選びます。その結果、９８０円の商品は「売れるとラッキーな商品」になります。

この場合１２８０円の商品は９４８円の利益を確保でき、９８０円の商品は７６５円の利益を確保できます。売価の違いは３００円ですが、利益の差は１８３円しかありません。結果的に利益率が高いのは９８０円の商品となります。利益額は少ないものの、利益率の観点から考えると、「売れるとラッキーな商品」となります。

このように、どのような意図で商品を組み立てるのか、それにともなって原価率と原価額を売価と連動させて決めることが重要です。ウェブレン効果を活用した「価格感覚の法則」を導入することで、お客さまの買いたいモチベーションにマッチした商品を確実に提供できるようになります。そして「売りたい商品」が「欲しいと思っているお客さま」に確実に届くこととなり、高い評価を獲得できます。

法則 13

視覚効果の法則

「売りたい商品」を確実に売るための見せ方

POINT

- 視覚の優位性を活用することで、「売りたい商品」を確実に売ることができる
- メニューでは各カテゴリーの「集客商品」「利益獲得商品」を大きくアピールする
- プチ贅沢商品は、メニュー全体に対するアンカリング効果を発揮する

視覚情報を有効活用して売上を伸ばす

「百聞は一見に如かず」という故事成語《こじせいご》がありますが、どうやらこれは事実のようで、専門的な研究の結果、解明されています。人間の五感による知覚の割合は、視覚83%、聴覚11%、嗅覚3・5%、触覚1・5%、味覚は1%といわれています。お客さまはより多くの情報を視覚から獲得していると、結論づけることができます。

皆さんは**「クレショフ効果」**というものをご存じでしょうか？　**お客さまは写真を見るとついその商品を買ってしまう傾向にあるという心理効果のことです。**

また、似たような心理効果に「メラビアンの法則」というものもあります。これは、人同士がコミュニケーションをとるときに「視覚情報55％」「聴覚情報38％」「言語情報7％」という割合で影響を与えるという法則です。

いずれにせよ人間の認識のうちで最も強いのは視覚ということです。このことからもメニューブックを単なる商品カタログにしてはいけないことをご理解いただけるでしょう。

こうした視覚の優位性を活用することで、自分が「売りたい商品」だけを魅力的なビジュアルで見せて確実に売上個数を伸ばすことができます。これはメニューブックに限りません。たとえば、インスタグラムや自店のサイトで商品の映像・写真を見せつつ、文字情報を追加することで、商品への期待度を増すといったこともできるでしょう。

「売りたい商品」を決めるときの2つのルール

クレショフ効果の具体的な活用方法をお伝えします。

まず「売りたい商品」を決めます。それは、「法則7　非常識な価値創造の法則」（74ページ）の「集客商品」と「法則11　3：4：6の法則」（130ページ）の「利益獲得商品」です。この2つは、必ず各カテゴリーに用意して、ビジュアルでしっかりとアピールします。

集客商品の条件は、そのカテゴリーを代表する人気商品であることです。そもそも取得率が

高くて、圧倒的な人気があり、放っておいても売れていく商品をピックアップします。

利益獲得商品は、利益獲得を目的とした売上の底上げをしてくれ、なおかつ「売れるとラッキー」な商品です。すなわち、ある程度の取得率があり、ある程度高額でも一定数以上売れるような商品をピックアップします。

たとえば、鮮魚居酒屋なら刺身のカテゴリーで豪華な刺身の盛り合わせとか、イタリアンレストランならパスタのカテゴリーでカルボナーラやペスカトーレあたり、あるいは王道のナポリタンというのもアリです。とんかつ専門店なら、とんかつのカテゴリーにはロースかつがきますし、串揚げ業態なら串揚げのカテゴリーで、串揚げのセットなどを掲載します。

挙げたらキリがありませんが、ほぼ間違いなく、多くのお客さまからオーダーが入る商品を持ってきます。

ですから、**集客商品であり利益獲得商品でもある、盛り合わせ類を最初にもってくることは非常に有効なメニュー戦略です。**それを、「値段が高いから」という理由で、後ろのほうにもっていくと取得率が下がります。ここは自信を持って、ウリの商品を思い切ってトップに掲載してください。

ちなみに、お客さまが盛り合わせを頼む理由は3つあります。1つ目は「面倒がない」こと、

2つ目は「お得感がある」こと。3つ目は「シェアできる」ことです。「法則11　3：4：6の法則」（130ページ）でお伝えしたアンカリング効果と逆の手法と感じられるかもしれませんが、これもアンカリング効果の活用法です。

最初に最もお得感が強くて豪華な商品を写真入りで見てしまうと、その印象が強く残ります。たとえば、「8種の刺身の盛り合わせ」があったとすると、その内容を確認してメニューブックの次の欄に掲載されている刺身の単品と比較します。この単品の刺身をそれぞれ頼むことと比較すると、盛り合わせのほうが圧倒的に利点が多いことに気づきます。

このように比較して、最初のアンカリングである刺身の盛り合わせが最も取得率が高くなります。

もちろん、盛り合わせが超絶に豪華であることは絶対条件です。盛り合わせが貧相なら、単品商品の取得率が高くなりますが、あえてそれを意図的に狙うのも戦略としてはアリです。

注意していただきたいのは、利益率が低いけれどそれなりの数量が売れている商品（売れてもあまりうれしくない商品）はアピールしないということです。つい欲が出て、「そこそこ売れているから、これもついでに載せて数量を伸ばそう」などと考えがちですが、やめましょう。この手の商品まで写真を載せてしまうと、途端に「お店が本当に売りたい商品は何なのか」が不明確になってしまいます（とはいえ、実際には載せてしまうお店が多いのですが）。

こうした商品において大事なことは、「なぜその商品が売れているのか？」を分析することです。もちろん、商品に魅力があって売れているのであれば問題ありません。引き続き売れるでしょう。しかし、売れていた原因が消去法の結果、つまりお客さまが「これしか頼めるものがない」という気持ちでオーダーしている場合は、メニュー改変後に確実に売れなくなります。

でも、それでいいのです。正しい結果になっただけですから。どのお店にも、消去法の結果、オーダーされる商品は絶対にあります。私はそうした商品を「逃げ商品」と呼んでいます。誰しも、「何を選べばいいかわからない」「適当なものが浮かばない」「お金をあまり使いたくない」というときは必ずあります。そんなときのためにに頼みやすい逃げ商品があるのです。

売りたい商品に絞って大きく打ち出す

集客商品と利益獲得商品以外の写真をあれもこれもと載せてしまうと、肝心の２つの商品の掲載サイズが小さくなりますし、掲載する商品が多くなりすぎると商品カタログのようなメニューになってしまいます。それでは売りたいものが売れませんから、**載せる／載せないの基準をしっかり決めます。**たとえば、逃げ商品は絶対に載せないようにしましょう。

載せる商品、載せない商品が決まったら、次に考えることは、どの大きさでどこに載せるかです。大きさは、１５７ページの図13－１のようなイメージです。

これくらい大胆でかまいません。

参考までに、商品カタログのようなメニューとは次ページ図13－2のようなものです。

1ページにこれでもかというほど大量の情報が載っており、食べたい商品を探すためにはあちこちと読まなければいけません。おまけに、どの商品も同じ大きさの写真なので、見づらいことといったらありません。もしかして、あなたのお店のメニューブックもこんな状態になっていませんか?

ちなみに、図13－2のメニューブックは実際にあるお店で使われていたものをもとにイラスト化しています。このお店では、何年にもわたり同じメニューブックを使い続けていました。初めてお会いしたとき、「私たちは、メニューブックのデザインには相当自信があります。かなりいいものを作ってきました」とおっしゃっていましたが、私は「これはメニューブックではなくてカタログですよ」と一蹴しました。

図 13-1

売りたい商品、売れるとラッキーな商品 →	大きな写真
見せるだけ、比較検討商品 →	小さな写真
売れなくてもいい商品 →	文字情報だけにする

大きさは大胆に変える

図 13-2

商品カタログのような情報の並べ方をしてはいけない

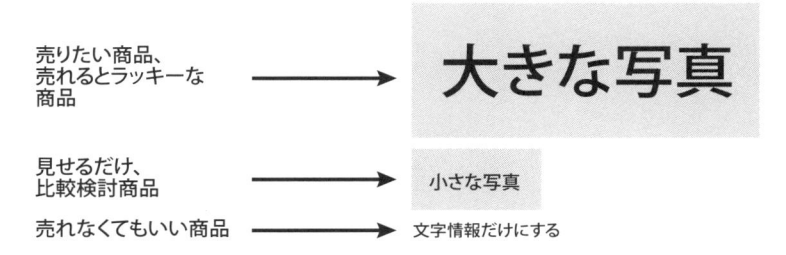

売上を伸ばす仕組みをメニューに盛り込む

私がアドバイスをしてリニューアルしたメニューブックが次ページの図13－3です。

商品紹介の最初の見開きページは、軽いものの代表である点心のカテゴリーです。最も売りたい、また実際に最も売れる餃子をカテゴリータイトルの背景にしています。餃子の中身も見せています。これを見ただけで餃子が1皿6個であることがわかります。また、ついでに利益獲得商品の生ビールセットも掲載しています。ちなみに、生ビールセットはドリンクのカテゴリーにも掲載しているので、餃子から見ても、生ビールから見ても、このセットにたどり着くようにしてあります。

この生ビールセットは、「中華料理屋に来たらまず餃子とビール」というお客さまの想いをくみ取った商品で、アルコール消費の呼び水商品としての位置です。放っておいてもオーダーが入る餃子と生ビールを意図的にセットにして、利益獲得商品にしました。この商品の扱い方を説明します。たとえば2名様でご来店の場合、1人目の方はこのセットを1つ、もうお1人は生ビール単品をオーダーします。すると、この段階で1540円の売上になります。

実は、これには巧妙な仕掛けがあります。オーダー後すぐに生ビールとお通しはお持ちしますが、

図 13-3

「売りたい商品」を大きく、美しく見せるメニューの例

当然、餃子は焼き時間がかかりますので、少々お時間をいただくことをお伝えします。明らかに提供時間に差が生まれます、しかも餃子は生ビールをグイッと一口飲んだのを確認してから焼くようにします。すると、餃子が焼きあがったころには、ほぼ生ビールはあと一口くらいしか残っていない状況になっています。

そこで一言「あっ、生ビールがもうすぐ空きますね、おかわりをお持ちしましょうか？　生ビール2つでよろしいですか？　それとも、ハイボールやサワーになさいますか？」と声をかけます。すると、60％くらいの方は生ビールのおかわり、残り40％はハイボールかサワーになります。要するに40％は原価の低い商品に流れるようにしています。これによって、１５４０円の売上の次にほぼ確実に追加ドリンク１０５０円の売上が発生し、合計２５９０円の売上を獲得できます。これを**「消費連動」**といいます。

なお、図13－3の餃子の下に載っている焼売と春巻きはお店の自家製です。以前からの人気商品で手作りですから原価も低く、確実に儲かります。

お客さまの思考をコントロールする商品の見せ方

次のページ（餃子の対向）には小籠包《しょうろんぽう》があります（図13－4）。この点心のカテゴリーは見開きにつき1つのカテゴリーとして理解できるように、お客さまの思考をコントロールします。

「あっ、ここは点心のページか。1品か2品軽いものを頼もう」と感じていただくために、軽い商品の代表である点心を見開きでまとめました。

さて「法則9」(93ページ)で**「お客さまも気づいていない不平・不満を解消するとヒットする確率が高まる」**とお伝えしました。この不平・不満の1つに小籠包の食べ方があります。多くの方は小籠包を上手に食べることができません。「小籠包は、おいしいから食べたいけれど、口の中をヤケドするし、中のスープが飛び出して食べにくい」という人が多いです。この不平・不満を解消するために、上手な小籠包の食べ方をイラスト入りで解説しました。不平・不満を解消するためには、これくらい大きなスペースを割いても大丈夫です。実際、小籠包の取得率は40%ほど上昇しました。

もちろん、以前の商品よりもおいしくなり、上手な食べ方の表記をしたことが大きな要因です。また、価格は以前よりも100円もアップしましたが、お客さまは喜んで小籠包を楽しんでいます。小籠包で100円アップすることは、一般的には相当ハードルが高いと思いますが、

図 13-4

小籠包の食べ方をイラストで丁寧に解説するようにしたらオーダー率が40%向上

すんなりと実現しました。

アンカリング効果の使い方

次がご馳走料理のカテゴリーです（図13－5）。

「法則10」の「ノウハウ6　プチ贅沢のカテゴリーを設ける」（120ページ）を実際にやるとこのようになります。このカテゴリーも見開きで1カテゴリーとして、お店のポジションを示す意図で設けました。大海老のチリソースが最もウリの商品なので、一番上に掲載しました。これは「法則10」の「ノウハウ4　イチオシ商品をトップにもってくる」（113ページ）と「法則11」の「アンカリング効果」（130ページ）の実例です。

このメニューブックでは、**ページの最初のほうにプチ贅沢商品**

図 13-5

「一番売りたい」プチ贅沢商品エビチリを
大きく載せてアンカリング効果を狙う

を載せることで、メニュー全体に対するアンカリング効果を発揮させました。「このお店は、以前の町中華レベルから本格中華料理のお店に変わった」とご理解いただくためです。

一番売りたいこの大海老のチリソースが、実は一番安くて２１８０円です。すべての商品が２０００円オーバーですから、これ以降のカテゴリーで値段が上がっていたとしても、ほかの商品がリーズナブルに感じられるようなメニュー設計になっています。

次に野菜のカテゴリーを紹介します（図13－6）。

ひと昔前は中華料理というと「油っこい」というイメージでしたが、昨今では、野菜がたくさん食べられる、しかもどれも温かいためサラダよりも多く食べられる、しかも身体も冷えないというイメージが広まってきているようです。

このような女性のお客さまの

図 13-6

あえて高価な商品を上に載せて、下に
「一番売りたい」商品にオーダーを誘導する

心をつかむために重要になるのが野菜のカテゴリーです。ここでも売りたい商品は2品だけです。これまでも人気があった八宝菜を集客商品に、地元産の生きくらげを使用した炒め物を利益獲得商品にしました。

具体的な原価はお伝えできませんが、この利益獲得商品の原価率は25％の基準原価率を大幅に下回っています。ですから、ページの半分を使って紹介しています。認知度の高い八宝菜で安心感を提供しつつ、八宝菜の１０８０円をアンカリング効果にして、８７０円の商品を利益獲得商品とすることで圧倒的な販売数を実現しています。それ以外は売れなくてもよい商品なので、文字情報だけを掲載して、おすすめの商品が何かを感覚的に理解できるようにクレショフ効果を導入しました。

大きな写真で見せることで視覚情報の優位性から、野菜のカテゴリーではこの2品でほぼ90％の売上を獲得しています。これまでお伝えしてきた法則をふんだんに活用したことで、売上はもとより客単価が１２８０円から１８８０円へとほぼ1・5倍となりました。しかも売価が上がったことについてのクレームは一切ありません。離客が発生するどころか、客数は2倍に増加し、月商は3倍になりました。

商品の価値を上げて売価を上げて、そしてメニューブックの見せ方を変えるだけで、あなたのお店でも確実に同様の成果を実現できます。ぜひ、「視覚効果の法則」を活用してください。

法則14

3つのマイナスの感情の法則
「損したくない」「騙されたくない」「後悔したくない」を突破する

POINT
- ！お客さまがお店を選ぶときに知りたい情報とは「商品」「価格」「環境」の3つ
- ！お客さまに最初に伝えるべきは「損させません」「騙していません」「後悔させません」
- ！お客さまが沈黙したら慌てずにじっと待つ。ほぼ確実にオーダーを獲得できる

お客さまがお店を選ぶときに知りたい3つの情報

人は誰でも悲観的なことよりも、楽観的なことのほうに興味があると思いがちですが、実際は違うようです。この「法則14」は、誰もが「人の感情にもとづいて商品をスムーズに販売することができる」非常に重要な法則です。これを理解すると、どんなものでも売れるようになります。料理に限らず、家でも車でも保険でも、何でも売れるようになります。ですから、この法則を正しく理解して、メニューブックはもとより、接客にも活用してください。会得できると、新規出店の際に不動産契約でも活用できるようにもなります。たとえ競合がいたとして

も、「あなたに貸そう」となる可能性が高まります。

では、本題に入ります。

こんなシーンを思い浮かべてください。「いいお店がないかな」と、夜の街を歩いている3人組がいたとします。「あの店は、この店は」と周りをキョロキョロ見ながらお店を物色しています。すると、気になるお店がありました。3人は相談をしつつ、「ここにしようか。どうしようか」と悩みます。最後に誰かが「ここでいいんじゃない」と言って入店します。

皆さんも同じようなことをよくやっているでしょうし、皆さんのお店の前でも毎晩繰り返されているはずです。さて、問題はここからです。3人組が悩んでいるときに、彼らの心の中にはどのような感情が沸き上がっていたのでしょう？　そもそもなぜその店に興味が湧いたのでしょう？　なぜ、そのお店にしようと決めたのでしょうか？

考えてみてください。人の感情の質と動きを知ると、どのようなものでも販売できるようになります。人が何かを買うとき、何かを決断するときは、ほぼ間違いなく同じ感情の動きがあります。

人の感情の質と動きを知ることで、感情をコントロールすることができるようになり、売りたいものを売ることができます。この第3章でお伝えしてきた法則は、すべてこの感情をコントロールすることを行なってきました。理論的にもお伝えしただけではなく、再現可能なテクニックとしてお伝えしてきました。

そのすべての根底には、ここで解説する「3つのマイナスの感情の法則」があります。それをお伝えする前に、なぜこのお店を選んだのかについて答え合わせをしておきましょう。

まず、そもそもこのお店に興味が湧いた理由ですが、おそらくこのお店の店頭に「お客さまが知りたい情報」が掲載されていたからです。

お客さまがお店を選ぶ基準となる、知りたい情報とは「商品」「価格」「環境」の3つです。

まず、そのお店が「どのような商品を扱っているのか、どのような業態なのか」「今いる3人で楽しむのには適しているのか」「楽しめる商品はどのような感じなのか」が気になります。

次に、「その商品はいったいいくらくらいで楽しめるのか」「5000円くらいかかるのか」が気になります。入ってみたら「うわっ、こんなに高いの、無理無理。すぐ出ようよ」となることへの恐怖心があるから、前もってかかる金額の基準を知りたいと思っています。

さらに、3人でお店を利用するとして、「お店の環境はどのような感じなのか」が気になります。ざっくばらんな感じなのか、おしゃれな内装なのか、個室はあるのかなど、自分たちが楽しく食事ができる環境なのかが気になります。

実際に皆さんも初めてのお店を利用するときは、この3つの要素「商品」「価格」「環境」が気になりませんか？　もちろん私も気になります。同じようにお客さまもとても気になります。

まず、この3つの情報を店舗の前に掲示しておくことが重要です。

「ウチはこんな商品を扱っているお店ですよ。だいたい1人5000円くらいで楽しめますよ。テーブル席もありますし、ゆったりできるソファー席もあります。奥には個室もありますよ。お店のデザインはちょっとモダンでくつろげる感じですよ」などと、**お客さまが潜在的に知りたいと感じている情報を掲載する必要があります。**

お客さまはこうした情報を吟味して、納得できたら次に自己説得を始めます。「楽しめる商品はこれとこれがあるし、どうもこれがイチオシみたいだ。だいたい5000〜6000円あればよさそうだし、このソファー席もいい感じだ。運が良ければ個室が空いているかもしれない」などと、思考をめぐらせます。

十分満足がいくまで検討したら、「ここでいいかも」という感情が目覚め、「ここでいいよ」と決断をします、ここでようやくお店の扉を開けます。そしてここから、お店とお客さまのストーリーが始まるわけです。

いかがでしょうか？　実際にはほんの短い時間ですが、お客さまの心理はこのように変化していき、自己説得をした末に初めてお店を決めます。

「欲しい」よりも先に動く3つのマイナスの感情

このようにお客さまがお店を決めたり、料理をオーダーするときに心の中で強く働いているのは、「欲しい」という欲求ではなく、3つのマイナスの感情です。それは**「損したくない」「騙されたくない」「後悔したくない」**です。これを知ることで、競合店に圧倒的な差をつけることができます。この3つのマイナスの感情を突破することで、どのようなものでも売れますし、反対に突破できなければ、決して売れません。

そのためお店が、まずお客さまにお伝えしなければならないメッセージは「損させません」「騙していません」「後悔させません」です。お店の外観、メニューブック、SNSなどを通じてこの3つを伝えることで、安心感を与えつつ、決めるための基準となる情報を提供します。

特に重要なのがメニューブックです。「損したくない」「騙されたくない」「後悔したくない」を突破するための終始一貫した施策が必要です。会社の理念を伝えて信じていただき、イチオシ商品のバックボーンとなる開発ストーリーを語り、比較・検討できるように「見せるだけ」のメニューがあり、迷わせないように大きな写真を目立つように見せ、損しないように高い商品の下にお得な商品が用意されていることを見つけさせてあげて、スタッフが笑顔でおすすめをする必要があるのです。そうすることで、お客さまに「これなら損しないな」「この店は騙さないな」「後悔はしなさそうだな」と感じさせることができます。

ネガティブな情報は正直に伝える

この3つのマイナスの感情を突破するための具体的な施策をこの章の「法則11」から「法則13」で、そのベースとなる基本的な考え方を第1章、第2章を通じてお伝えしました。ここでは、非常に重要な「自己説得」について詳しく解説します。

実は**自己説得が起こらない限り、人は行動しません。**人は自分が納得したことしか行動を起こさないようにプログラミングされているようです。われわれにとって最も重要なことは、お客さまにいかに早く「自己説得の状態」になっていただけるかです。

もちろん、「損させません」「騙していません」「後悔させません」と証拠を見せることが重要なのですが、ここで「小さなミス」を犯すと不信感を抱かれてしまいます。それは、「良いことだけをお伝えする」です。「えっ！」と思われる方もいるかもしれません。しかし、多くの人は良いことだけを聞かされると「えっ、それって本当？　そんなにうまい話はある？」と勘ぐってしまうものです。その証拠に、グルメサイトなどで評価の低い口コミを見て「あっ、過去にこういうこともあったんだね」とか「えっ、店長はこんな対応をしたんだ」などと、マイナスの情報も確認しながら、それも検討してから最終決定を下します。

ですから必要なことは、**ほんのわずかなネガティブな情報であっても正確に伝えることです。**

そうすることで、「このお店は正直だ」「この店は信頼できる」という感情が芽生えます。そのために、ネガティブな情報もきちんと開示するようにします。

たとえば「貴重な食材なので仕入れができない場合もあります。その際にはこちらの商品をおすすめします」とか、「人気商品のため、焼き時間に20分ほどかかります。少しでも早くお持ちするようにいたしますが、その間こちらの商品などもおすすめなのですが、いかがでしょうか」とか、「すべて料理長が1人で仕込んでおりますので、どうしても数量に限界があります。よろしければお早めのご注文をおすすめします。せっかくご来店いただいたのになくなってしまってからでは申しわけございませんので」などと、あらかじめお伝えすることで一気に信頼関係が構築されます。

ここで注意することが、もう1つあります。それは、ネガティブな情報をお伝えするときの態度と言葉づかいです。お伝えするときに横柄な感じなど、お店の都合を押しつけるような態度は絶対にあってはいけません。表情もなく、語尾に不必要な強さがこもっていると「何だその態度は、あり得ないだろう」となってしまいます。また、言葉づかいも先ほどと同じ内容であっても、「前もって言っておきますが、貴重な食材なので、仕入れができないときもありますから、それでもいいというのであればお越しください」「オーダーがかなり重なっているので焼き時間に20分はかかりますが、どうします?」「数量限定なので、注文する場合には先にお願いします」などいったものだと、お客さまの怒りを買ってしまう危険性があります。

ちなみに、これらはすべて私が実際に耳にした言葉です。もし、こんなことを言われたら、誰だって「二度目はないな」と思いますよね。もしかしたら、ネットに書き込まれてしまうかもしれません。そうしたら、お店のイメージは一気に悪くなってしまいます。

そうならないためにも、十分に注意をして、スタッフをしっかりとトレーニングする、さらには台本を用意するなど、お店のルールとして仕組み化することをおすすめします。

お客さまの沈黙はオーダーのサイン

さて、最後に大切なことをお伝えします。

この事実を知らないために、目の前のお客さまがせっかく「自己説得の状況」になっているのを台無しにしてしまうことが後を絶ちません。自己説得の状況には、ある共通点があります。それは沈黙です。**自己説得を始めると、人は誰でも黙り込んでしまいます。**自分と対話するのですから当然です。

しかし、お店のスタッフは、お客さまの沈黙に強い恐怖を感じてしまいます。

「あっ、お客さまが急に黙り込んだ。何か変なこと言ったかなあ。とにかく何とかしなきゃ」と、パニックになってしまい、お客さまに話しかけてしまいます。

すると自己説得を途中でさえぎられたお客さまは「わかったわかった、決まったら呼ぶから」と、スタッフを遠ざけようとします。その結果、売りたい商品が売れないばかりか、お客さまの楽しさは半減して、お店への興味もトーンダウンしてしまいます。その結果、オーダーの数が減り、リピートの可能性も格段に下がってしまいます。

それを防ぐためには、スタッフにお客さまの行動パターン（自己説得が始まるとお客さまは必ず黙り込む）を理解させることです。そうすれば、お客さまが急に黙り込んでも、「自己説得が始まったな」と、落ち着いて待つことができます。**自己説得が終われば、お客さまはほぼ間違いなくその商品をオーダーします。**その間わずか数秒、長くてもせいぜいが数十秒です。このことを徹底することで、オーダー数、リピート率の両方を上げることができるはずです。

第4章

セールスの法則

法則15

一番の法則

お客さまは常に「一番いいもの」が欲しい

POINT

- セールスとは、素晴らしい商品をおすすめすることでお客さまの体験価値を高めること
- セールスをすることで、お客さまは「迷う」「悩む」「惑う」から初めて解放される
- お客さまに「一番いいもの」を「おすすめ」することを仕組み化すると売上は劇的に上がる

おすすめは「お客さまの体験価値を高める」サービス

いよいよセールス編です。われわれ飲食店経営者にとって最も大切な要素がセールスです。飲食店に限らず、どの業界のどの業種でも同じですが、セールスを仕掛けられなければ事業の成長は望めません。すべてのビジネスは、顧客に何らかの商品・サービスを提供することで報酬を得ています。**「セールスをしない」とは、報酬を得ることを自ら放棄しているのと同じ**です。それにもかかわらず、セールスすることに嫌悪感を抱く方が一定数いるのも事実です。そのよ

うな方には、セールスと〝押し売り〟を混同しているという共通点があります。「売上は上げたいけれど、セールスをしてお客さまに嫌われたくない」と間違った考えを持っています。

セールスの本質は、素晴らしい商品をおすすめすることでお客さまの体験価値を高めることです。押し売りをして嫌われることではありません。「法則10」（106ページ）で「メニューブックの役割はお客さまを迷わせない、悩ませない、惑わせないこと」とお伝えしましたが、そのためにも的確なセールスを行なうことがお客さまに対する最も親切な行為です。

セールスすることに抵抗がある方たちは、「商品をおすすめをする」＝「お客さまに図々しく商品を売りつけてお金を搾取する」と誤解しています。そうではありません。**セールスすることで、お客さまは「迷う」「悩む」「惑う」から初めて解放されるのです。**

おすすめができないとお客さまを失望させてしまう

これを前提として、話を先に進めます。

さて、初めてお店にいらしたお客さまが次のような質問をしたとします。

「このお店の一番のおすすめは何ですか？」

皆さんもこれまでに何度も質問されてきたでしょう。このときのお店のスタッフの反応は、ほぼ間違いなく次の3つのパターンに分かれます。

1つ目は、「おすすめ商品をしっかり伝えることができる」です。お店としておすすめ商品がきちんと決まっていて、それを的確にお伝えできる。この場合は、ある一定数のお客さまがその商品をオーダーするという、理想的な展開になります。もちろん、お客さまの体験価値も上がります。とても素晴らしいことです。

2つ目は、「何をおすすめしていいのかわからないので、店長や料理長などに質問する」です。これもとても多いパターンです。私の体感的には、おそらくこれが最も多いと思います。これは、お店としておすすめ商品が決まっていない、つまり「セールスが仕組み化されていない」ことが原因です。

そして、3つ目が「おすすめ商品は全部です!」です。これが一番良くないパターンですが、残念ながらこう答えてしまうお店もたくさんあります。**「全部です」という答えが引き起こすのは、お客さまのモチベーションの低下、または喪失です。**ワクワク感や期待感など、すべてのポジティブな感情が一気にトーンダウンしてしまいます。それどころか、期待感があっただけに、感情は激しく反対方向に振れてしまいます。

「当店のおすすめは全部です」になってしまう原因は3つあります。

まず、お店としておすすめ商品を決めていないことです。次に、お客さまからこの質問をされると想定していないことです。3つ目は、メニューブックをはじめ、お店にセールスを行なう仕組みが導入されていないことです。

なぜお客さまは「一番のおすすめ」を聞くのか？

そもそも、なぜお客さまが「このお店の一番のおすすめは何ですか？」と質問するのでしょうか？　根底には、「損したくない」「騙されたくない」「後悔したくない」という感情があります。それを理解せずに「全部です」と答えてしまうと、お客さまを失望させてしまいます。

また、「法則10」（106ページ）でもお伝えしましたが、お客さまにとって料理を選ぶことは、楽しいと同時に苦痛や恐怖をともなう作業でもあります。メニューを決めるということは、自分の判断に対する責任を負うことと直結するからです。だから**「おすすめ商品＝きっと多くの人が食べていると思われる商品＝一番安心で安全な商品だろう＝お店のおすすめだから自分は責任を取らなくてもいい＝自分にとって一番都合がいいもの」**という心理が成立します。

多くのお客さまは商品を選ぶ責任を負いたくないし、判断が間違っていたらイヤな気分になるので、「おすすめは何ですか？」と聞くことで、苦痛や恐怖から解放されたいと願っています。

もちろんすべてのお客さまがそうだとは限りません。純粋な好奇心から「一番のおすすめは何ですか？」と質問する方もたくさんいます。こうした方たちは、自分で楽しみを見つけられるので、問題ありません。この章を通じてフォーカスするのは、不安からおすすめを聞くタイプのお客さまの感情と、おすすめができないスタッフの心理の問題です。

「法則14」（165ページ）でお伝えした「3つのマイナスの感情の法則」は、誰もが持っている感情です。ですから一貫性があり、それを理解することで的確な対応が可能となります。

そもそもお客さまが「このお店の一番のおすすめは何ですか？」と、わざわざ「一番の」をつける理由を知る必要があります。それは、損しないために、騙されないために、後悔しないためには、お店の「一番いい商品」を買う必要があると無意識に感じているからです。だから、お店のおすすめの商品の中での一番いい商品を聞きます。

これは飲食店以外であっても同様です。「法則10　メニューブックの法則」（106ページ）で、お客さまは家電量販店で店員さんに「一番いいものはどれですか？」と聞いてから購入することが多いとお話ししました。これをもう少し詳しく説明しましょう。店員さんは、お客さまの家族構成、その家電の利用頻度、使い勝手で重要視しているポイント、こだわっているポイントなどを質問をすることで、お客さまにとっての最適解を見つけ出します。そうすることで、商品を確実に販売することができるように仕組み化されているのです。

それに対して、多くの飲食店経営者は「販売する」ことの本質が理解できていないので、セールスを仕組み化することに抵抗を感じてしまいます。家電量販店の場合は、適切な商品を販売することで、お客さまが抱えている課題を解決するお手伝いをしています。それは飲食店の場合も同様です。

そうなんです。販売することは「お客さまの課題解決のお手伝い」なのです。

お客さまのモチベーションを見抜く

あなたのお店に来店したお客さまにとっての課題とは、どのようなことでしょうか？　それを知るためには、お客さまのモチベーションを想像する必要があります。**お客さまはどのようなモチベーションがあって、来店したのかを考えてみましょう。**

もしかしたら、家族や友人の誕生日かもしれません。あるいは、同僚が落ち込んでいるので励まそうとか、取引先の方と一緒に食事をすることで関係性を深めたいと思っているのかもしれません。このように、お客さまそれぞれのモチベーションがあります。

これらに共通していることは「今日の食事の場を良いものにしたい」という欲求です。すべてのお客さまは、これから始まる食事を楽しいものに、有意義なものに、あるいは素晴らしい体験として堪能したいと思っています。ですから、「一番いいもの」が必要なのです。

ここまでお話しすれば、「一番の商品をおすすめする」ことの重要性をご理解いただけると思います。その上で、一歩踏み込んだお話をさせていただきます。「一番」という言葉には、特別な力があります。「一番」と聞くと、誰もが強い興味が湧きます。「いったい、どんな商品なんだろう?」「なぜ一番なんだろう?」などとワクワクして心が動きます。「一番」という言葉だけが持つ魔力です。それが、「こちらが当店で三番目に人気の商品です。こちらはいかがでしょうか?」とすすめられたらどうでしょうか? 「なぜ一番ではなく三番目なの?」「もしかして私たちのことをバカにしている?」となってしまうでしょう。「一番」だからこそ、お客さまはワクワクもしますし、自分が尊重されていると感じることもできます。

これまで私は数百人の飲食店経営者の方と食事をしてきましたが、ほぼ全員が「このお店の一番のおすすめは何ですか?」と、強い興味とともにスタッフに質問しました。それなのに、ご自分が経営するお店では「一番のおすすめ」をお伝えすることを仕組み化していません。私は、この矛盾が不思議でなりません。

もし、皆さんのお店がきちんとおすすめできていないのであれば、なるべく早く仕組みを導入してください。これを徹底することで、売りたい商品が売れるようになります。またその結果、売上も利益も客単価も確実に上がります。経営が健全化し、優良企業へと変貌し、さらにお客さまには喜ばれるという理想的なビジネスを展開できるようになります。

法則
16

おすすめの法則
売り込みではなくプレゼンテーションをする

POINT
- 「一番いいもの」とは、お店が「絶対の自信を持って提供する」と覚悟を決めた商品
- おすすめする際は「お客さまの体験価値を圧倒的なものにする」ことを強く意識する
- スタッフ全員が商品を試食し、体験をお客さまにそのまま伝えることが最強のおすすめ

まずお店で「一番いいもの」を決める

さて、いきなり答えをお伝えします。

おすすめの本質は商品のプレゼンテーション（提案）です。売ることではありません。

おすすめするときは絶対に「販売」してはいけません。売り込んだ瞬間に、お客さまにとってそのスタッフは敵になってしまいます。おすすめが苦手な飲食店関係者には共通点があります。

それは、かつてプライベートで訪れたお店で「おすすめという名の押し売り」をされて、その

瞬間におすすめしてきたスタッフを敵のように感じてしまった経験です。そのため、「自分はお客さまの敵になりたくない、嫌われたくない」という感情が反射的に生まれ、おすすめができなくなっています。

効果的なおすすめのやり型は、スタッフ自身が大好きな商品を、お客さまに自分の言葉でプレゼンテーションすることです。スタッフがイキイキと商品をプレゼンテーションできるようになる、シンプルなテクニックがあります。ここでは、スタッフに「おすすめの型」を教える方法を解説します。

さて、先ほど「法則15」（176ページ）で「一番」というフレーズが持つ魔力をお伝えしたので、お店で「一番いい商品」をおすすめすることの重要性はすでにご理解いただけていると思います。ただし、「具体的には、どのように一番いい商品を決めるのか？」「そもそも一番とは何を基準としているのか？」と疑問を抱く人もいるはずです。

そこでおすすめをする上で前提となる「一番いいもの」の決め方をお伝えします。「そうか、お客さまは『一番いいもの』を欲しがっているのか」と理解できただけでは、売上にはつながらないので、具体的なやり方を解説します。

まず、「一番いいもの」を定義します。「一番いいもの」は、「絶対にお客さまが損しない、後悔しない」を基準にすると、それに適した商品が必ず見えてきます。それは、あなたが絶対の自信を持って開発した集客商品です。「ウチの店に来たら絶対にこれだけは食べて」と強く思っている商品です。決して、「まあ、そこそこおいしいけどね。あとはお客さまの好みの問題だから、わからないよ」などと思っている中途半端な商品ではありません。**「一番いいもの」とは、お店が「絶対の自信を持って提供する」と覚悟を決めている商品でなければなりません。つまり、自店を代表する自信作であり、ブランディングに直結する商品です。**

「一番いいもの」をおすすめするときの2種類のプレゼンの型

では、具体的に「おすすめの型」を解説します。一例ですが、商品のおすすめは次のように行ないます。新規のお客さまが来店してテーブルにご案内したらそのテーブルに向かい、商品をプレゼンテーションします。セールスではなく、あくまでプレゼンテーションです。まず、この認識を持つことが、型の第一歩です。

プレゼンテーションの型は、たとえばこんな感じです。

お客さまいらっしゃいませ。本日はありがとうございます。では、今日のお食事がより楽しいものとなりますように、当店の商品のプレゼンテーションをさせていただきます。最初にご紹介するのはこちらの○○（商品名）です、これは○○（地域）で獲れた○○（食材）を使用し、○○（調理法）で調理した逸品です。当店で一番の人気商品です。

次に、こちらの○○（食材）**は非常に良好な状態で仕入れることができました**（鮮度が良いなど、**商品のバックボーンなどのストーリーの公開**）**。ぜひ、今日限りの10食限定の**（限定性の活用）**素晴らしい商品です。**

この事例では2つの商品をお伝えしましたが、これも型の1つです。

お客さまは必ず「比較・検討したい」「選ぶ楽しさを経験したい」と感じています。それなのに1つの商品だけをプレゼンテーションしてしまうと、選択肢がないため、「おすすめされた」とは感じずに「押しつけられた」と感じてしまう傾向があります。ですから、**同時に2つ以上の商品を紹介する必要があります。**

お店側がお伝えすることは、「お客さまの食事を盛り上げたい」「体験価値の最大化を図る」です。「そのためには、一番いい商品があったほうがいいですよね」という「おもてなしの想い」にもとづいて、「今だけ、ここだけ、あなただけ」という限定性をお伝えするなど、お客さまにとってのメリットをプレゼンテーションします。繰り返しますが、売り込むのではなく、プレゼンテーションをしてください。このポイントは絶対に外さないでください。

次に、お客さまのモチベーションを把握するやり型です。お客さまのモチベーションを知ることは、後出しじゃんけんで勝つのと同じです。つまり、**答えを聞いてから商品をプレゼンテーションするのです。**

プレゼンテーションの型はこんな感じです。

お客さまいらっしゃいませ。本日はありがとうございます。皆さまはどのようなおつながりなんでしょうか？　会社の同僚の方々とかでしょうか？（的確なおもてなしをするために関係性を確認する意図）

さようでございますか。（関係性の理解）

本日のお食事はどのような会なのでしょうか？（集まった理由、すなわちモチベーションの確認）

さようですか。では、そのような目的でお集まりなった皆さまにお伝えしたい、当店の商品をプレゼンテーションさせていただきますが、もしかして、今は◯◯を食べたい気分でしょうか？（肉とか魚などの食材を確認）

お腹のすき具合はいかがでしょうか？（空腹の状況を確認、ガッツリといきたいのか、軽めにしたいのかなどを確認）

はい、ありがとうございます。ではそのような皆さまに一番お披露目したいのはこちらの◯◯です。（希望に要望にマッチした商品、もしくは集客商品や、本日のタイムリーな商品など）

こちらは今おっしゃっていただいた◯◯という気分にはピッタリな商品です。（確認したモチベーションと合致していることをお伝えする、そのあとで具体的な商品解説を行なう）

次はこちらの◯◯です。これは◯◯が特徴な商品で（皆さんでシェアできる、ガッツリといきたい、肉を食べたい気分など、モチベーションに合わせて紹介）、先ほどおっしゃっていた◯◯な気分に

はピッタリです。

最初のパターン（185ページ）は、お客さまのモチベーションを確認することなく、お店の「一番いいもの」をプレゼンテーションしています。次のパターンは、お客さまのモチベーションを確認してから、その場でお客さまにとって「一番いいもの」をプレゼンテーションしています。プレゼンテーションをする背景が違うだけで、どちらもしっかりと商品のプレゼンテーションができています。

2つの型の違いが、理解できましたか？　型は違っていますが、お客さまに商品をプレゼンテーションしていますし、お客さまの体験価値を高める目的に合致しています。ここが大事なポイントです。決して自店の利益を思って商品をお披露目するのではなく、「お客さまの体験価値を圧倒的なものにする」ためにプレゼンテーションを行ないます。大事なことは、お客さまとコミュニケーションを図り、お客さまにとってメリットがあるとお伝えすることです。

アルバイトスタッフに適したおすすめの型

では、ここからメインの型を解説していきます。このおすすめを行なうのに最も適しているのは、アルバイトの方々です。詳しくは「法則18　買いたい人から買う法則」（208ページ）で解説しますが、社員やましてや店長ではありません。冒頭にお伝えした事例は店長や社員が行なう型ですが、これはお客さまの入店直後のファーストオーダーをとる前のタイミングで行なうときにおすすめのやり方です。つまり、チャンスとしては一度きりとなります。

これからお伝えする型は、お客さまがお食事を楽んでいる最中に「何かおすすめはありますか?」と質問してきたときに活用できる型です。どのように導入するのか解説します。

まず、おすすめしたい商品を決めます。おすすめは、やみくもにするわけではありません。店舗コンセプトを表現している商品、圧倒的に価値の高い商品、集客に貢献する商品、お店の利益を上げる儲けられる商品、客単価を上げられる商品など、お客さまの利用シーンとお店サイドの意図を考慮した上でおすすめ商品を選びます。

次に、その**すべての商品をスタッフ全員に試食してもらいます。アルバイトも厨房スタッフもホールスタッフも、とにかく全員です。おすすめができていないのは、「そもそも自店の料理を食べたことがないから、おすすめのしようがない」という根本的な原因があります。**ですから、おすすめをする本人が商品を体験する必要があります。この当たり前のこともせずに、お店サイドは一方的にアルバイトに「おすすめしてきて」などと理不尽な要求をしてしまいます。

その結果、最悪のケースでは離職につながってしまいます。

「店長から教わっていないことを強要された」、それなのに「できていないと怒られた」、「そもそも店長だっておすすめなんか一度もしていない」のに、「偉そうにマウントをとられた」、だったら「こんな店は辞めてやる！」となってしまいます。

ですから、こうしたことが起こるのを回避するために、必ず全員で試食を行なってください。その際に、料理長から1品ごとに、必ず商品の解説をしてください。

商品の食材の特徴、どこの産地の食材なのか、調理法は、手間暇はどれくらいかかっているのか、原価はどれくらいか、いかに安く利益ギリギリで提供しているのかなど、商品に関する開発ストーリーと、裏話と、開発秘話を全スタッフに理解してもらえるように細かく伝えてください。

繰り返しますが、ホールスタッフは自店の商品のことをほとんど知らないままに、お店に立たされています。だから、商品に興味もなければ関心もありません。もちろんおすすめする理由もポイントも理解していないので、おすすめできません。

ですから、まず商品を体験してもらい、商品のバックボーンを伝えて、興味と関心と感想を持ってもらうようにします、これがおすすめの型を実行する第一歩です。次に、試食した中から好きな商品を複数選ばせてください。できれば5品くらい、商品単価も食材も調理法も違う、複数のものを選んでもらうようにしてください。

特定の商品を選んだら「次に何を選んだのか」「選んだ理由は何か」「どこのポイントが、何がおいしいと感じたか」など、好きだと感じた理由を全員に話させてください。できればこのときに録音をするか、書記をたてて記録を残してください。全員が発表したら、店長から一言伝えてください。

伝える内容は次の通りです。

試食を楽しんでくれてありがとうございます。ウチにはおいしい料理がいっぱいあると改めて理解していただけたと思います。料理長はじめ調理を担当している方から、商品の裏話も聞いて商品の特徴や開発の苦労などのストーリーがわかったと思います。どうか今あなたが食べておいしいと感じた商品を、そのままお客さまにお伝えしてください、自分の言葉で話してください。あなたが感じた感想のままに好きな言葉で表現してください。それがあなたのおすすめ商品となります！　だって、実際に食べてみておいしかったわけですよね。そのおいしかった感想をお客さまに伝えてください。それだけでいいんです。売れる売れないは一切気にすることなく、ただお客さまにあなたの好きな商品をお伝えしてください。お願いします！

実際に私がいつも行なっていることは、これだけです。**アルバイトスタッフが商品を試食した体験をお客さまの前で自信を持ってお話しするだけで、お客さまは商品に強く興味を持ちます。**アルバイトは、単に自分が食べた感想を伝えているだけですから、本人としてまったくおすすめをしているつもりはありません。お客さまも、お店の中で最も自分の立場に近いアルバイトのスタッフがそこまで言うのならと、がぜん興味が湧いてきます。では実際にお客さまから「おすすめは何ですか?」と聞かれたら、行なう型の一例は次の通りです。

「おすすめですか……おすすめと言うよりは、私の好きなものでいいですか？　実は私このお店の○○が大好きで、○○がすごくおいしくて、食感は周りはパリッとして歯触りが良くって、中はしっとりフワッとしていて中からとろ〜っとチーズがあふれ出てきて、熱々なんですよ。本当に大好きでプライベートでも食べに来ちゃうくらいなんですよ」

リアルで率直な感想を話しただけで1品売れてしまいます。

本来セールスには台本が必要ですが、私は最低限のストーリーを書いた台本だけと型をお伝えすることだけで再現性の高いおすすめを実現させています。この型を伝えて、アルバイトの方々に実際に営業中に実践してもらい、トレーニングしながらおすすめの技術の向上を図っていきます。決してセリフが決まっている台本の丸暗記や、マニュアルなどではなく、おすすめの型をお伝えしただけです。

その型に沿って自分の言葉で語るだけで、商品が売れていきます。やっていることの本質はまったく同じです。とにかく、売れる商品を開発したら、次は売る方法を実践するだけです。

売れる商品と、確実に売る手法は対になっています。両立させることで初めて意図的に商品を売れるようになります。マーケット・インの基本の基ですが、「お客さまの利益を優先する」ことが重要であり必須条件です。お客さまは常に「一番いいもの」を欲しがっていることを理解して、それはすでにお店にそろっていることを理解してください。

おすすめを確実に実行するため、仕組みとしてプレゼンテーションを行なうことを取り入れましょう。おすすめの法則を正しく理解して、徐々にでもよいので実践していくと、お店とお客さまとの関係性に確実に変化が生まれます。

「あの店はいつ行ってもおすすめの商品があるよね。またそれがいい感じで楽しくておいしくて、いつもいい体験ができるよね」という風に変化していきます。

「一番の法則」と「おすすめの法則」が完成されると、お客さまが〝自然と集まる店〟となり、リピート率が向上します。そしてお客さまとお店を、そしてお店のスタッフとも、深い関係にすることができる強烈な法則です。すなわち、お客さまにとっての「一番いいもの」とは、「一番いいもの」を常におすすめしてくれるお店なのです。

法則17

セールスシステムの法則

スタッフがお客さまを喜ばせたくなるように指導する

POINT

- ! 経営者や店長が「おすすめ」の仕組みを作り、具体的なやり方を教える必要がある
- ! プレゼンテーションは、お客さまの頭の中に料理のイメージが浮かぶように伝える
- ! プレゼンテーションをしたら、必ずクロージングをしてお客さまの背中をあと押しする

売り込まずに売れる仕組みを作る

昨今、飲食業界では「マーケティング」という言葉を頻繁に耳にします。でも多くの方がマーケティングという言葉の意味を正しく理解できていないのも事実です。「マーケティングとは、顧客の欲求を満たすために行なう活動である」と言われても、ほとんどの方がピンとこないでしょう。「顧客の欲求を満たすために行なう活動」とは具体的にどのような行動のことを指すのか？　皆さんも「そもそも毎日お客さまのことを考えて料理を作っているし、サービスもしているよ！」と思われるでしょう。極端な言い方をすると**「マーケティングとは、売り込まずに商品が簡単**

に売れる仕組みを作ること」です。私はクライアントにこのようにお伝えしています。

第3章のメニューブック編でお伝えした内容はすべて「売り込まずに商品が簡単に売れる仕組みの作り方」です。どのような商品施策や価格施策を導入しても、メニューブックにマーケティングやセールスのシステムが組み込まれていないと、狙い通りに商品を売ったり、売上を上げることはできません。反対に、システムさえ完成すれば、商品が勝手に売れていきます。

そうなるためには、メニューブックを改善するだけでは不十分です。もっと強力にお客さまを楽しませるのが先ほどの「法則16」（183ページ）で解説した「おすすめ」です。メニューブックにセールスの仕組みを盛り込んで、おすすめのやり方を理解したら、次はおすすめのやり方を浸透させる必要があります。つまり、「スタッフへの教え方を学ぶ」のです。実は、**飲食店においてセールスのシステムが浸透しない一番の原因は、経営者や店長がスタッフへの教え方を知らないことです。**現場で次のような光景を頻繁に目にします。

店長がアルバイトのスタッフに「〇〇さん、お客さまにこの商品をおすすめしてきて」と伝えます。指示されたアルバイトは、イヤイヤながら何となくホールをぶらついて、少しのお客さまと会話をするものの、結果として売れません。私はこのような場面を見たときに、必ず店長に次の質問をします。

「店長は、アルバイトにおすすめのやり方を教えたことがありますか？」
「そもそも店長は、効果的なおすすめの仕方を教わったことがありますか？」
「ところで店長は、おすすめは得意ですか？　普段からやっていますか？」

ほとんどが、「教えていない」「教わっていない」「得意ではない」「やっていない」と返ってきます。そもそも「教えていない」、そして教えるべき立場の人間が「教わっていない」わけですから、アルバイトのスタッフができるわけがありません。

そもそもお店でおすすめが実行されないのは誰の責任でしょうか？　それは、すべて会社のせいです。効果が実証された「おすすめの手法」を会社が用意していないから、店長も教え方を知りません。つまり、おすすめができるか否かは店長個人のスキルに依存した状態です。これでどうやって売上を構築できるでしょうか？　要は無策で実戦を闘っているわけです。信じられませんが、現実には多くのお店で起っていることです。

さて、なぜ店長は自分ではおすすめしないで、アルバイトにやらせるのでしょうか？　なぜ、アルバイトは頼まれてもやらないのでしょうか？　どちらも同じ理由からです。

それは「おすすめなんかしたくない！」からです。

「まるで押し売りをしているようだから」「お客さまから断られるのが怖いしイヤだから」「そもそもどうやっておすすめするのかやり方がわからないから」です。

店長におすすめを命じられたアルバイトが心の中で何を考えているのかというと、「じゃあ、先に店長がやってみろよ。そうしたらやってやるから。やり方を教えてくれよ！」です。これは、私が実際にたくさんのアルバイトにヒヤリングして、聞き出した本音です。結局、教えるほうも教わるほうも同じく「おすすめのやり方を知らない！」。それだけでした。

効果的なおすすめをするには、正しい手順を踏む必要があります。これから、それを紹介します。この内容は効果が非常に高いので、どんどんトライしてください。最初はうまくいかないかもしれませんが、場数をこなすことが大切です。あるポイントを突破すると、必ず成功率が上がり出します。

プレゼンテーションの3つの鉄則

具体的に商品をおすすめするプレゼンテーションの場では、どのような要素を組み込む必要があるのかを解説していきます。まず最も大事なことをお伝えします。

プレゼンテーションするためには、3つの鉄則を守る必要があります。この3つをプレゼンテーションに組み込むことによって、お客さまの商品に対するイメージがより具体化して、商品に興味が湧き、あわせてプレゼンテーションをしているスタッフに対する好感度も上がっていきます。

鉄則1 お客さまの頭の中に商品の映像が浮かび上がるように話す

商品のプレゼンテーションをする際に最も大事なことは、その商品に強い興味を持っていただくことです。「欲しい」「食べてみたい」「体験したい」と感じさせることが大事です。そのためには、商品を映像化することです。「法則13 視覚効果の法則」（151ページ）でお伝えしたクレショフ効果が、ここでも力を発揮します。おすすめの商品をプレゼンテーションする際には、紹介している商品がまるで目の前にあるかのごとく語る必要があります。

商品のディテールなど、お客さまの頭の中にその商品の映像が浮かぶように話すことで、商品への興味が増し、関心が高まります。頭の中で映像が展開することでクレショフ効果が発動し、これと同時に目の前でのストーリーを語っているスタッフに対しても、興味が増し、好印象を抱くようになります。その結果、スタッフとの信頼関係も構築されます。

鉄則2 ストーリーには必ず3つの要素を入れる

商品をプレゼンテーションする際には、必ず3つの要素を入れることが鉄則です。

その3つとは、**「味の方向性」「ポーション」「シズル感」**です。

味の方向性とは「どのような味なのか」です。

たとえば、辛いのか、甘いのか、濃厚なのか、酸味が利いているのかなどです。特に辛さには、人それぞれ許容範囲があります。辛いのが好きな人と苦手な人がいますが、どちらも「これって辛いですか？」と質問します。すると、質問されたスタッフは、自分の個人的な感覚で答えてしまいます。「すごく辛いんですよ、やめておきますか？」だと、商品は売れません。「それほどでもなく、ちょっとピリッとする感じです」と答えると売れる場合もあります。ですから、味の方向性をきちんと伝えることは、商品に興味を持ってもらうためには重要な情報です。

ちなみに、この「これって辛いですか？」という質問ですが、私はこの質問に対する対応策をクライアントの開業前のトレーニングで常に伝えています。**「これって辛いですか？」という質問に対しては、「辛いのはお好きですか？」と逆質問をするのが鉄則です。**多くのスタッフは、この質問から瞬時にネガティブな感覚を創造してしまいます。すると、「苦手ですか？」とか「辛いんですよ！」と返答してしまい商品が売れません。

このときに「辛いのはお好きですか？」とポジティブな方向に変えて逆質問をします。このとき、「辛いのが苦手なんですよ」と答えたお客さまには「では辛みを控えめにするように料理長に伝えますね」とお伝えすると安心してオーダーしていただけます。一方「辛いのは大好きなんですよ」と答えたお客さまには「だったらこれがピッタリです、辛いものがお好きな方には好評をいただいております」と対応することで、商品は売れます。

苦手な方にとっては「辛さを控えめにする」という対応と情報がうれしく感じます。また辛いのが好きな方には、「辛いもの好きにはピッタリです」という情報が背中をあと押しします。常にお客さまを想って、感じて、楽しませることが大切です。

次に、ポーションをお伝えします。**ポーションとは、商品の量とか大きさのことです。**皆さんもお客さまから「どれくらいの量ですか？」と、聞かれたことが何度もありますよね。ポーションはお客さまにとって必要な情報です。

たとえば、「シェアできるほどの山盛りの量です」とか、「カツの厚さが3センチもあります」とか、「ソーセージが150グラムあってボリューム感たっぷり」とか、「こぶしの大きさほどの肉の塊」とか、「手のひらサイズのベーコンがトッピングされています」とか、「メニューブックでは3種類とうたっている刺身の盛り合わせが、仕入れの状況で5種類も入っている」とか、ほかには「一口サイズ」とか、「お2人でちょうどいい量ですよ」とか、とにかく商品のポーションを伝えます。

この情報を伝える必要がある理由は、**お客さまには量に対する不安と疑問がある**からです。「1人で食べ切れるのか？」「これを頼むと次の商品が食べられなくなるかもしれない」と不安を感じているのか、「価格は安いけれどほんの少ししかなくて損をするのではないか」など、とにかく複数の不安と疑問があります。皆さんも初めてのお店に行ったときに、「これってどれくらいのサイズ感（量）ですか？」と聞いたことがありませんか？　誰もが量に対する不安と疑問を抱いているので、確実にお伝えする必要があります。

最後は、**「シズル感」をお伝えする**ことです。シズル感とは、もともとは広告写真、特に料理写真の撮影現場で使われていた、料理のみずみずしさなどを表す言葉です。たとえば、「カリカリ」「ふわとろ」「シャキシャキ」「とろ～っと」「キンキンに冷えて」「真っ赤な麻婆豆腐がアツアツで」「チーズ感がタップリ」など、商品がどのような状態で提供されるかを表現します。シズル感をトークに盛り込むと、一気にその商品に臨場感がプラスされます。

温度感もライブ感も、感覚として感じていただけます。**シズル感を伝える際は「オノマトペ」（擬音語と擬態語）を活用すると、商品のイメージが直感的に伝わり印象に残りやすくなります。**その結果、お客さまの購買意欲を高めることができます。

３つの要素の中で最も効果が高く重要なのが、シズル感を表現することです。必ずシズル感を感じさせる表現を組み込んでください。

ちなみに、ポーションとシズル感に関するこれまでの文章を読んでいて、あることに気がつきましたか？　文章を読んでいるときに、厚切りカツの断面が見えませんでしたか？　こぶしほどの大きさの肉の塊が見えませんでしたか？　熱々の真っ赤な麻婆豆腐の映像が浮かびませんでしたか？　手のひら大にカットされたベーコンがハンバーグやパスタの上に乗っている映像が浮かびませんでしたか？　これが、「鉄則１」の映像化の具体的な表現方法です。

さて、ここでシズル感を表す言葉をいくつかご紹介します。

サクッ、さっぱり、濃厚、ドロッドロ、ジュワー、ジューシュー、キンキン、冷え冷え、パリパリ、バリバリ、サクサク、しっとり、シャキシャキ、サラサラ、ふわふわ、ふっくら、コトコト、カチカチ、こんがり、パリッ、ひたひた、たっぷり、タプタプ、トロトロ、トロ〜ッと、熱々、アッツ熱、ほろほろ、など。

鉄則③ クロージングをかける

商品をプレゼンテーションするときに、最も重要なことはクロージングをかけることです。**商品のストーリーを伝えたあとに、その場で必ずクロージングをかけることは、興味が高まっているお客さまの背中を押して差し上げる、愛にあふれた大切な作業です。**

クロージングをかけないと、お客さまはオーダーするタイミングを自分で考えなければなりません。クロージングすることで、お客さまはストレスなくオーダーができます。クロージングのタイミングは、プレゼンテーションが完了して、一拍空けて、一呼吸置いたときです。

たとえば、「法則16　おすすめの法則」（183ページ）で紹介したように、スタッフが「おすすめですか……おすすめと言うよりは、私の好きなものでいいですか？　実は私このお店の○○が大好きで、○○がすごくおいしくて、（中略）本当に大好きでプライベートでも食べに来ちゃうくらいなんですよ」と言い終わったあとに、一呼吸おいて次の一言を言います。

「どうなさいますか？」

これだけです。

オープンクエスチョンを投げかけるだけでよくて、ここで「オーダーしませんか？」と言ってしまうと、セールスを仕掛けてしまうことになり、断られてしまう可能性が高まります。あくまでもプレゼンテーションなので、**オーダーをするのかしないのかの選択権はお客さまに委ねた、「どうなさいますか？」が最も効果的なクロージングの言葉です。**

すると、「どうするのか？」を尋ねられたお客さまは、「法則14　3つのマイナスの感情の法則」（165ページ）でお伝えした自己説得を始めます（黙り込みます）。お客さまが自己説得をしている最中は「話しかけない、そっと見守る」が鉄則でしたね。自己説得が終わると高い確率（50〜80％）でオーダーしていただけます。

この3つが鉄則です。

プレゼンテーションの最後のダメ押しは「私も大好きです！」です。この言葉を発することで実際にスタッフが体験していることが理解され、マニュアルに沿って言わされているわけではないことが伝わり、スタッフが本当に自分が好きなものを、自信を持っておすすめしていることが伝わります。

当然、おすすめのトレーニングをする商品も、お客さまの特性を考えて変化させていますし、3品程度をおすすめする場合もあります。おすすめの本質と基本を理解できれば、どのような商品でも、どのようなお客さまにも、どのような利用シーンでも、活用できるようになります。

先ほどもお伝えしましたが、このセールスを仕組み化する法則を導入し、実際におすすめをするとスクリプトの成功率は50％を超えて80％程度の高確率になります。少なくても2組に1組は、おすすめ商品をオーダーしてくれます。特に、新規客に関しては80％を超えたという事例もあります。基本の型はそのままで、たとえ商品を変えて毎月行なったとしても、商品に左右されることなく活用できる万能な型です。まずは、この鉄則要素を取り入れた、プレゼンテーションの型を作り上げてください。

セールスのマインドセットの育て方

ここまでは、セールスのテクニックの部分をお伝えしましたが、セールスで最も大切なことは、実はマインドセットです。マインドセットができていない状態でおすすめをした場合、成功率は低くなります。実際、店舗に落とし込んで活用していただくと、マインドセットができているスタッフほど大きな成果を出します。一方できていないスタッフは成功率が低く、ますますマインドセットができにくくなる傾向があります。その原因は、ロープレの段階でのトレーニングのやり方に問題があるからです。

問題があるトレーニングとは、「ロープレのロープレ」を実行してしまうことです。リアルな場面を想定しないで、下手な学芸会のお芝居のようなロープレを行なってしまうと、マインドセットが強くならず当然成功率も下がります。そのような傾向が見られるスタッフがいる場合は、再度丁寧なロープレを実行してください。自信がつくまで、ロープレを実行してあげて、良い箇所、もっとワクワクする言い回し、自分の感情を高めること、自分が選んだ商品に対する自信を伝える大きなアクションなど、成功要素を経験させることで、改善していきます。

注意すべきは、**うまくいっていない箇所の指摘は絶対にしない**ことです。指摘する場合は、良い部分を指摘してください。もっと良くすることを意識して、意図してサポートを行なってください。そうしないと、「修正された」という意識が残り、改善が遅れてしまいます。

そもそもうまくいっていない、ほかのスタッフよりも遅れていると、本人が感じているときに、悪い部分を指摘し修正を加えるとさらにマインドは落ち込みます。うまくいっていないところを改善するのではなく、スタッフが自分の好きな商品をただ、自分の言葉で自信を持って伝えることに意識を向けさせてあげてください。ですから、**良い部分を見つけ出し、スタッフ本人がワクワクして、楽しくなるまでサポートすることが大事です。**

過去に支援したお店のスタッフの例では、そもそも人前で話すのが苦手という方がいました。その方は自分を引っ込み思案だと思い込んでいて、素敵な笑顔の持ち主なのに魅力を発揮できていませんでした。そこで、まずマインドブロックとなっている「自分は引っ込み思案」という思い込みを手放してもらいました。

引っ込み思案でなかった場面を思い出してもらいます。人とのコミュニケーションがうまくいったときと、そうでなかったときの違いをピックアップしてもらいます。すると、引っ込み思案というのは、実は「自分の感情が作り出した現実（思い込み）」だと認識できます。それから、「実は自分は引っ込み思案ではない」という「正しい現実」を再認識してもらいます。

それが済んでから、望む現実を明確かつ強烈にイメージしていただき、ロープレを実行してもらいます。2回から3回、改善後のロープレを実行すると、本人の中で変化が生まれてきます。自信がつき「私もできるかもしれない」という、感覚が芽生えてきます。

そこまでくれば、ほぼ完了です。そのままお客さまの前で実行すれば、すぐに成果が出ます。自分の言葉で、自分の好きな商品をおすすめしていただければ、ほぼ間違いなく成功します。台本のセリフの記憶を頼りにしながら話すレベルから、ストーリーテラーに変化します。すると、売れるようになります。

セールスは、誰でも取得できる技術です。正しくロープレを実行し、マインドセットを強く持ち、心とイメージとテクニックが一体となった技術です。もし心が抜けていたら、言葉だけの作業になってしまいます。いくら素晴らしいセールスクリプトを作っても、「マニュアルだから」と心ここにあらずの状態で実行してしまうと売れません。

成功にはパターンと理由があります。あなたもスタッフも、みんなが経験している成功パターンがあるはずです。それは独自のパターンですから、成功の絶対法則です。このパターンを認識できると、いろいろなことが面白いようにうまくいき出します。

さっそくセールススクリプトを作って現場に導入し、スタッフを楽しませてあげてください。そして、バンバンおすすめして、お客さまをもっともっと楽しませてあげてください。飲食業の経営者はもっと真剣にセールスのシステムを学び、積極的に現場に導入すべきです。

もっともっとお客さまとスタッフを楽しませてあげてください。飲食業とは、本来ものすごく楽しい仕事です。

法則18

買いたい人から買う法則

「おすすめ」の〝最強〟適任者はパート・アルバイト

POINT

- ！ 人間には、自分が「買いたい」と思った人から買う習性がある
- ！ お客さまが「より楽しむ」「より満足する」ためのあと押しが「おすすめ」
- ！ おすすめを仕組み化するためにプレゼンとロープレのトレーニングをする

お客さまは「買いたい人」から買う

人には面白い習性がいくつもあります。

たとえば、**商品を買うときには、自分が「買いたい人」から買います。**普通に考えると、同じ商品であれば誰から買おうが、問題なさそうですが、そうではありません。商品が同じでも、「買いたくない人」からは買いません。

思い出してください。皆さんも洋服や家電製品を買いに行ったとき、どの店員さんに声をか

けようかと、無意識に店員さんを選んでいませんか？　飲食店でも、声をかけるスタッフを選んだことはありませんでしたか？　かく言う私も、声をかけるスタッフを選んでいます。「あの人は忙しそうだな」「あの人は感じが悪そう」「あの人は優しそう」など、無意識のうちに判断してから、声をかけています。ですから、**セールスを成功させるためには、まず「声をかけてもらえる人になる」必要があります。**常にお客さまに注意を向けて、声がかかることを大前提にホールに立つことが大事になります。

そのためには、常にお客さまの表情、テーブルの状況、グラスの傾きなどに注意を払います。すると、それが自然と伝わり、お客さまから呼び止められる可能性が高くなります。そもそも、「声をかけたくない人」に共通しているのは、注意が自分自身に向いていたり、ほかの対象に向いているときに、それ以外の情報を遮断する雰囲気をかもしだしていることです。結果、お客さまは「あの人に声をかけるのはやめよう」と思います。

この「買いたい人」には、人それぞれ違った基準があります。ですから、基準を解説することにはあまり意味がありません。必要なのは「いかにして買いたくなるような人になるのか」、さらに言うと「買いたくない人にならない」ことを学ぶほうが重要です。

実は、お店の中でお客さまが一番安心して「買いたい人」と感じるのは、パート・アルバイトのスタッフです。われわれの感覚では、店長や社員のほうが信頼感や安心感、何か不都合があったときには責任を取ってくれそうで、良く思えるかもしれません。ところが、お客さまの感覚はまったく違っていて、パート・アルバイトからのほうが買いやすいと感じています。おそらく、権威性に対する抵抗感がそう感じさせるのでしょう。

店長や社員だと、権威性を感じて敬遠してしまいますが、お店の中で自分とも立場が近い存在のパート・アルバイトであれば、親近感を抱いて「買いやすい」と感じるようです。お客さまは、より利害関係が少ないアルバイトの言葉を信用する傾向があります。しかも、感じの良いスタッフから買いたいと思っています。ここでは、お客さまに「この人から買いたい」と感じさせるスタッフを育てる教育法をさらに具体的にお伝えします。「法則17　セールスシステムの法則」（194ページ）の最後にトレーニング方法について解説しましたが、ここではさらに踏み込んで「買いたくなる人」になるためのトレーニング法をお伝えします。

おすすめをするべき本当の理由と意義

ここで改めて、おすすめをしなければならない本当の理由と意義を整理します。セールスを仕掛ける理由としては、「売上を獲得したい」「在庫を処分したい」「利益率を改善したい」などを想定する人がほとんどでしょう。しかし、これらはすべてお店側の都合です。これらを理由にセールスを仕掛けるとほぼ確実に失敗します。押し売りになってしまい、セールスを仕掛けたスタッフはお客さまにとっての敵になってしまいます。「買いたい」と思わせるスタッフがいなくなってしまいます。

そこで、お客さまの感情を感じて、考えてみてください。

実は、お客さまはわれわれが考えている以上に、「もっと楽しみたい」「もっとおいしいものを食べたい」「もう一杯飲みたい」と感じています。もちろん、すべてのお客さまがそうとは限りませんが、少なくない数のお客さまが「もっと、もう少し」と感じています。**お客さまが「より楽しむ」「より満足する」ための経験のあと押しをすることが、おすすめをする本当の理由であり意義です。**

そこを勘違いしてしまうと、「押し売りみたいでイヤだ」とか、「お客さまに拒否されるかもしれない」などと勝手にネガティブな考えと感情を作り出してしまいます。その結果、お客さまもお店もスタッフも誰も喜べない不幸な状態がずっと続きます。

お客さまをもてなして楽しませる——私たちはこんなに素晴らしいビジネスをしているのに、持てる力を発揮しない、成果も成長も手にしないなんて、残念でなりません。もっと積極的におすすめしなければならない理由は、お客さまにより楽しんでいただくためです。このことは胸に刻みつけてください。

ちなみに、私はプライベートでお店を利用するときは、メニューをまったく見ません。それどころか、メニューを見るのが大嫌いです。

私のオーダーの仕方は次の通りです。

「おすすめは何ですか？　これだけは食べてほしいというものはありますか？」

「温かい野菜料理はありますか？　今日は肉が食べたいな！　どんな肉メニューがありますか？」

要望を伝えてお店のイチオシを聞き出すだけです。すると、「イチオシはこれです」「それならこういう料理があります」と、たいてい笑顔で商品をおすすめしてもらえます。このときに、私もスタッフさんもものすごく楽しい気分になります。

「これがいいですよ」と、おすすめした商品を私が次から次とオーダーするわけですから、当然スタッフも楽しくなってきます。私は、おすすめ商品を愉しみ、お店の味を知ることができて、お店のこだわりを理解できて、一番お得なおすすめの商品を堪能できます。さらに、ちょっとしたおまけもついてくることも、しょっちゅうです。私の例は極端ですが、このように、お客さまをもっともっと楽しませることが、おすすめをすることの本質です。

３人１組でロールプレイを繰り返す

さて、ここから具体的な方法をお伝えします。まずスタッフがおすすめしたくなる、自分が大好きな商品を決めてもらいます。「法則16　おすすめの法則」（１８３ページ）でお伝えした方法で試食会を開いて、スタッフの全員に、自分のイチオシ商品を決めてもらいます。

このイ**チオシ商品は、それぞれのカテゴリーごとに決める**ようにしてください。前菜ならこれ、野菜料理ならこれ、揚げ物はこれ、という具合です。その理由は、お客さまがどのカテゴリーでおすすめを聞いてくるのかがわからないからです。

たとえば、アルバイトさんがおすすめしたい商品があるとして、それをプレゼンテーションしたあとに、「う〜ん、それもいいけれど、こっちのカテゴリーで何かおすすめはないの？」と質問されるケースがあります。このときにおすすめが1つしかいないと、オーダーを逃がしてしまうかもしれません。ですから、それぞれのカテゴリーにおすすめを見つけるようにしてください。

好きな商品が決まったら、自分の言葉で好きな理由やポイントを語ってもらいます。この理由やポイントを短い文章にまとめます。3分ほどで語れる短い文章にまとめることで、販売原稿に仕上げられます。一般的に「セールススクリプト」といわれる、自分自身がワクワクできてお客さまが商品に興味を持つようなストーリーに仕上げます。

「法則17　セールスシステムの法則」（194ページ）でお伝えした、お客さまが商品を頭の中で映像化できるようなストーリーに仕上げます。「法則6　ストーリーの法則」（66ページ）でお伝えしたように、人は面白いストーリーに惹かれる習性があります。

ですから、おすすめをする人は優秀なストーリーテラーになる必要があります。お客さまがストーリーを聞いていて、シズル感たっぷりな商品の映像が頭に浮かび、興味を持って、食べてみたいと感じていただけるような、そんなストーリーを語ります。実はこれは意外と難しくありません。好きな商品の好きな理由を語るだけですから、たいていトータル30分くらいでストーリーを完成させることができます。

その後、**3名1組でロープレを実行します。**一番大事なのが、このロープレを行なうところです。3人の役割分担は、1人は好きな商品をプレゼンするスタッフ役、もう1人はプレゼンを受けるお客さま役、最後の1人はその2人の様子を客観的に観察する役になります。

プレゼンテーションの当事者の2人の様子を、客観的に観察する人が必ず必要になります。おすすめを成功させるための鉄則は、「ロープレのためのロープレ」を行なわないことです。また、セールス台本の丸暗記を絶対にしないことです。この「ロープレのためのロープレ」になっていないかどうかを、客観的に判断するために3人目が必要となるわけです。

ロープレは必ずワクワクする感情、「この商品が大好きなんです」という感情をこめて、自分自身が心から愉しみながら、本気で「お客さまを楽しませよう」と思ってやることが鉄則です。

このような真剣でリアルなロープレを、3人組の中で人を変えて、商品を変えて、1時間程度行ないます。その次に、3人組の組み合わせを変えて、新たなメンバーでロープレを行ないます。何日かに分けて何度も何度も、自信がつくまで行ないます。そして、実際にセールスを行なってみた感想を、自分の感情と思考を思い出して、シェアしてもらいます。

お客さま役になった人からは、「商品のおいしそうなイメージが湧いたか」「本当に買う気になったか」「売りつけようという意図を感じなかったか」などをヒアリングします。お客さま役の人からも客観的に見ていた人からも、感想をシェアしてもらいます。また、お店としておすすめしたい集客商品などの場合には、店長が作った集客商品のセールススクリプトがあるとして、それをホールスタッフ全員とシェアし、それぞれの感想を加え、自分の言葉として語ってもらいます。

もちろん、集客商品の特性やバックボーンなどの開発ストーリーは加工しませんが、感想はそれぞれのスタッフの感情にまかせて再創造してもらいます。そして、3名1組でロープレを実行し、この段階で、スムーズにおすすめができるようになれば、あとは実際の現場に落し込むだけです。

いざ、今日の営業に突入です。すると、最初からうまくいくスタッフもいますし、何度かチャレンジしてから成功するスタッフもいます。それぞれ成功するタイミングの差はありますが、ほぼ全員が成功を手にすることができます。

実際にやっていただけるとご理解いただけますが、本当に勝利を手にした気分になります。

お客さまにおすすめをして、商品を買っていただけることが、こんなにも楽しく満足感が高く自尊感情が満たされることに驚くと思います。あれほど抵抗していたおすすめすることが楽しくなり、すべてのお客さまにおすすめしたくなります。

このトレーニング法を導入すると、ほぼすべてのスタッフがお客さまから「買いたい人」と認識されるようになります。理由は、おすすめをすることに対する抵抗が払しょくされて、「いつでもどうぞ、何でも聞いてください」という自信とマインドセットが身につくからです。「わからないことを聞かれたらどうしよう」「苦手な質問をされたらどうしよう」とビクビクしていて自信がない様子では、お客さまの無意識に伝わり、「あの人にお願いしよう」となりません。ですから、会社は正しい教育法を取り入れて、社員はもちろんパート・アルバイトにも、成功体験をどんどん体感できる仕組みを作りあげる必要があります。これからの飲食店には、おすすめの仕組み化が必須となります。ぜひ1日も早く取り入れるようにしてください。

お店はお客さまあってのものですし、お店はお客さまのために存在しています。
お客さまにおすすめをして、買っていただいて喜んでいただき、楽しんでいただき、スタッフも輝いて、そしてお客さまに「ありがとう、また来るね」と感謝されて、お店は大きな売上が確保できてと、関係するすべての方々が幸せを共有できます。
飲食業とは本来、こんなにも素晴らしい愛されるべきビジネスなのです。

第5章

集客の法則

法則19

自然集客の法則

料理の価値と魅力を上げる盛りつけのテクニック×10

POINT

- お客さまがお店を訪れたくなる理由をたくさん作り、それを効果的に拡散する
- 情報は「お店の主軸商品」「業態の特性」「特筆すべき商品の特性」を発信する
- 料理のビジュアル的な魅力を格段に上げる「盛りつけのルール」を活用する

お客さまを「集める店」から「集まる店」になるには？

皆さんに質問があります。お客さまを常に集め続けなければいけないお店がいいですか？　それとも、お客さまが世界中から勝手にどんどん集まってくるお店がいいですか？　もちろん、「集まってくるお店」がいいですよね。しかし現実には、集客に苦労するお店が大半です。

現在世の中には、さまざまな集客手法があふれています。最近ではSNSを駆使した集客手法が一般的であり、やり方をレクチャーするセミナーもたくさんあります。ありとあらゆる集

客手法が花盛りです。それでもなお、多くのお店が集客に苦労しています。

集客手法を学び続ける飲食店経営者の方も大勢いらっしゃいます。まるでマーケターにでもなったかのように、集客のノウハウとテクニックを学ぶ方がいらっしゃいますが、実際にはほとんど集客に結びついていないようです。

そもそも、あなたはマーケターですか？　飲食店の経営者ですか？　いったい何屋さんですか？　思わず、こんな質問したくなるほど集客に関する情報に精通している方もいらっしゃいます。しかし、いくらノウハウとテクニックを学んでも、そもそもお店自体に魅力がなければ、集客にはつながりません。**必要なことはノウハウとテクニックを学ぶことではなく、お客さまがお店を訪れたくなる理由をたくさん作り、それを効果的に拡散すること**です。

効果的に拡散する段階になって初めてノウハウとテクニックが必要になります。

集客の原則は、お客さまを「集める店」から、お客さまが「集まる店」になることです。そのためにお店の魅力を創造し、それを的確に発信することです。発信力をつける前に、魅力的な情報になる商品と状況を作ることが必要です。

そもそも、集客に苦労するお店と、お客さまが集まってくるお店の違いはどこにあるのでしょうか？　何かが決定的に違っているから、かたや行列店となり、かたや閑散としたお店となってしまっています。

まず、**集客に苦労するお店の共通点は「魅力がない」ことです。**お客さまがネットなどでお店の情報を見かけても、お店を訪れたくなる要素・理由、そして魅力をまったく感じないから、利用したいとは思いません。さらに、そうしたお店にとって厳しいことは、集客のために投資した経費が想定した集客数をクリアできないと経費倒れとなり、集客コストが経営を圧迫してしまうことです。これでは本末転倒です。もちろん、集客コストを捻出できない場合は、集客に苦労し続けることになります。

いずれにせよ、経営者の頭の中は集客でいっぱいとなり、「そもそもなぜお客さまがお店にやって来ないのか」の理由を考えたり、原因を分析することなく、ただ「とにかくお客さまが来てくれるだけでいい」となってしまいます。そして、「集客できないのは値段が高いから」「コスパが悪いから」などと、短絡的に考えてしまいます。そして、集客力を上げることを目的に、客数が少ない状況にもかかわらず、希望的観測のもとに値下げを断行します。

ところが予想に反して、値下げしても客数は一向に伸びません。実は、当然の結果なのですが、本質的な原因を追求することはありません。それどころか、客数は少ないままで客単価が下がり、結果的に全体の売上がさらに悪くなり、窮地に立たされます。つまり、「法則1　間違った値下げの法則」（24ページ）で紹介した数値の因果関係を理解していないので、いつまでも売上は上がりません。

でもなぜ、多くの飲食店経営者はこのような思考パターンにおちいってしまうのでしょうか？

理由はいたってシンプルです。**値下げをするのが一番楽**だからです。何も考えずに値段を書き換えるだけですから。それに対して、商品に真剣に向き合い価値を上げて、新たな魅力を作り出すことは非常に難しく、苦しいため、ほとんどの人がやりたがりません。

「考える」作業は、非常に過酷で苦痛をともないます。ですから多くの人は考えることを避けて、楽なほうへと逃げてしまいます。その結果、値下げという絶対にやってはいけないことをしてしまいます。**集客のためにするべきことは、お店や商品の魅力を最大化して、お客さまがお店を訪れたくなる要素や理由をたくさん生み出すことです。**こうした情報を正しく伝えることで初めて、お客さまは「このお店に行ってみたいな」という気持ちになります。お客さまは「おいしそうな魅力的な商品がある」「お店の利便性がいい」など、何らかの興味が湧かない限り、あなたのお店を利用することはありません。

こうしたポジティブな興味以外にも、「街をブラついていたら看板が目に入った」「たまたま近所で通いやすい」「以前、知人に連れてきてもらったことがある」「ほかのお店を探すのが面倒」など、お客さまがお店を利用する理由はたくさん存在しています。要するに、**お客さまの「訪れたくなる理由」の数が集客力に反映されます。**どのような理由・導線であれ、お客さまに利用していただければよいわけですから、お店を利用する根拠を提供しましょう。

ただし、利便性だけを提供するだけだと、リピートするお客さまは増えませんし、お店のファンになったり、ご贔屓《ひいき》になってくれる方は少ないままでしょう。すると、いつまで経っても新規のお客さまを獲得し続けなければならない状況が続きます。

ここで紹介する「魅力を作り出す手法」を学び、お店に「訪れたくなる理由」を作り上げることができれば、集客依存から脱却できます。

「一番売れている商品」の価値と魅力を高める

魅力創造の手法を使うことで、「集まる店」になっていきます。集客の原理原則を学び、集客依存から脱却する法則を学ぶべきです。

では、具体的にどうやって魅力を創造するのか？ 「法則1 間違った値下げの法則」（24ページ）でもお伝えしましたが、**今売れている「良い商品の良い部分」をよりいっそう際立たせて価値を高め、その高付加価値商品を適正売価で販売する**ことです。どんなに客数が少ないお店であっても、「一番売れている商品」が必ずあります。

一般的なレジには、ＡＢＣ分析の機能が備わっています。ジャーナルをプリントアウトして、何が一番売れているのかを見つけてください。一番売上が高い商品ではありません。一番注文数が多い商品です。

売上で見ると販売単価が高い商品が上位にランキングされることがあります。その一方で、単価が低いので売上は2～3位だが注文数は一番という商品があります。これこそ、お客さまの興味を最も惹いた、もしくは安心感が最も強かった商品です。まずはその商品の分析から始めます。「なぜその商品は売れたのか？」、お客さまが買った理由を分析します。

たとえば、メニューブックの一番いい場所に写真が載っていたとか、ほかの商品と見比べると最もハズレる感じがしなかったとか、商品の画像を見たときに値頃感を感じたからとか、商品の解説文が良かったからなど、いくつかの理由が見つかるはずです。

実際にこれまでに何度も経験したことですが、経営者の方は「これはウチの人気商品なんですよ。よく出るんですよ」と言いますが、売れている理由は人気があるからではなく、ほかに頼みたくなるような商品がなくて、消去法で残った商品が結果的に一番売れているケースが多々あります（155ページで紹介した「逃げ商品」）。このケースは非常に多く、1つのパターンと言っても過言ではありません。同じような現象は違う業種・業態でも起こっています。

ですからまず、**「なぜお客さまがその商品を買ってくれているのか？」を正しく理解する必要があります。**消去法で売れたのが理由だったとしても、残った理由が何かを分析することから始めます。最後の最後にその商品が選ばれた理由が何か必ずありますから、それを把握することから始めてください。そして、その商品の「頼みたくなる要素」を強めていきます。

たとえば、ハンバーグがよく出ていたとしましょう。ハンバーグは、どのお店でも安定して人気のある商品で、ほぼハズレがない商品の代表です。このハンバーグをより魅力的にすることを考えるとしましょう。

最も簡単なのはトッピングを追加することです。これまでがシンプルなハンバーグだったとするならば、トッピングの目玉焼きをダブル乗せにしてみるといったことです。玉子は最も魅力を伝えやすい商材です。黄身がトロ～ッと流れ出るさまは、最もシズル感のあるビジュアルです。もし、それが2つもあるとなるとさらに面白い絵が撮れます。

あるいは、ハンバーグが見えなくなるほどの厚切りベーコンをトッピングする方法もあります。とんでもない、肉々しさを強調することもできます。ソースで変化をつけることも簡単にできます。これまでがデミグラスソースだったとするなら、デミグラスにきのこ類を入れてゆっくりと煮込んだデミグラスソースをメニューに加えるとか、和風の大根おろしとバター醤油のソースを加えるとか、ガーリックバターやサルサソースなども簡単に追加できます。

このほかにも、たっぷりのチーズソースをかける方法もあります。チーズをかけて持っていくことも、別添えでお客さまにかけてもらうことも、スタッフがテーブルでかけるサービスをすることもできます。

ハンバーグのグラム数をいくつか選べるようにして、レギュラーサイズを150グラムとするなら300グラム、450グラムとポーションを増した商品を作ることもできます。

ハンバーグの枚数で変化をつけることもできます。シングル・ダブル・トリプルと3種類の枚数を用意することも。最近では枚数無制限のお店もありますし、もともと60グラム程度の小さなハンバーグを3回に分けて提供するお店もあります。

付け合わせにグリルした野菜類をたっぷりと乗せて、豪華にしかもギルトフリーにすることもできます。

このようにハンバーグ1つとっても、いくつもの方法がありますが、大事なことは「法則9　ヒットの法則」（93ページ）でお伝えした、原価をまったく気にしないで商品を開発することです。これまで最も出数が多かった商品をもっと魅力的にしようとするときに、原価に縛られて発想が限定されてしまっては、お客さまに感動を提供できる思い切った商品は作れません。ですから、まずは原価を無視した商品開発が必須条件です。

魅力的な商品が完成したら、商品名を考えます。「当店オリジナルハンバーグ」、これでは商品の魅力ポイントが伝わりません。商品の特性が伝わるようなネーミングを考えます。たとえば、「4種のきのこを使った、きのこデミハンバーグ」とか「超絶厚切りベーコンハンバーグ」とか、「ごろごろグリル野菜のハンバーグプレート」とか、商品の特徴やコンセプトが伝わるネーミングにします。もちろん、開発秘話をメニューブックやSNSなどで、開発ストーリーとして公開することは必須です。

このように、**お店の主軸商品が何なのか、業態の特性はどこにあるのか、特筆すべき商品の特性はどこなのかを統一感を持って表現します。**この統一感が重要で、統一感のない情報が提供されると「結局、この店の一番いいものは何なの？」と、お客さまは悩んでしまいます。「法則15」（176ページ）でお伝えした一番の法則が、常に根底にあることを理解してください。

お店の魅力の大部分は、やはり商品です。まず商品に強い興味を持っていただくことが、お客さまが勝手に集まってくる集客の第一歩となります。だから、「集客商品」を開発する必要があるのです。

「付加価値を上げる盛りつけ」のルール×10

ではここで、商品の付加価値を上げる盛りつけ、見せ方、提供方法のルールを紹介します。集客に必要なことは、ビジュアルと文字情報ですから、まずビジュアルを整えることから着手してください。次に紹介する10個のルールを参考にして、商品を再構築してみてください。

ルール① 天に盛る

高さを強調する盛りつけ方法です。一般的には食材を立体的に盛りつけ、高さを強調する盛りつけ手法ですが、食材を立てて盛りつける、食材を重ねて高さを出す、ベースの商材の上に重ねて高さを出す方法などいくつかあります。高さを強調した盛りつけは、テクニックとしては最も簡単でありながらも、効果の高い方法です。

ルール2　面に盛る

広く、大きく、ゆったりと見せるテクニックです。保形成が保たれない柔らかい食材や、彩りとも関係しますが、広く見せることで一瞬にして豊かさを演出できます。大きな食器に盛ることが多いので、とにかくボリューム感を演出するときには最も適した盛りつけ方法です。

ルール3　シズル感

すでに「法則17　セールスシステムの法則」（194ページ）でも詳しく解説しましたが、現代の飲食店においては、シズル感の演出は最も大事で効果的な提供方法のテクニックです。強烈なシズル感が商品を圧倒的なポジションに引き上げます。反対に、シズル感に乏しい商品は人気商品にはなりにくいといえます。

最も効果的なシズル感の演出は提供温度と食感に関するものですが、盛りつけに関係するのは提供温度です。「鉄板がジュージュー音を立てている」「湯気が立っている」「タレをかけるとジューッと音がする」「油やタレが飛び散っている」「キンキンに冷えたグラスに水滴がついている」などです。

また、食感は「ナイフを入れるととろ～ッと出てくる」「プルプルしている」「ふわふわしている」です。その中でも「表面はパリッとしていて中からとろ～ッ」というように、２つ以上の、できれば**3つ以上の違った要素の食感をミックスするとより効果的です。**

シズル感は、食材の特性だけでなく、提供時の状況やアクションでも創造することができます。SNS投稿用の写真の撮影ポイントであることをアピールしながらアクションを行なうなど、拡散のための情報コントロールを行ないやすい利点もあります。

ルール4 彩り

彩りは、それだけで興味を惹いてワクワクさせる、盛りつけのテクニックです。基本の3色もしくは5色を押さえることは重要ですが、かといって食材を多く取り入れすぎるとバランスが悪くもなり、原価にも大きく影響します。

基本の3色は、赤・黄・緑もしくは青、5色は赤・黄・緑・青・白もしくは黒です。色には心理的な効果も含まれており、赤・黄は食欲増進、緑・青は安心感の提供、白は清潔感の演出、黒は引き締めの効果・効能があります。コントラストもハッキリとつくため、料理を立体的に3次元的に見せられる効果もありますが、ただ、注意すべき点もあります。

彩りは必要以上に増やさないようにします。シンプルながらも彩り良くすることを意識します。入れすぎると品がなくなり見た目もうるさくなるので、やりすぎないように注意しましょう。そして何よりも、食材そのものの色味を効果的に演出する調理法が必要になってきます。変色を抑えて、色を止めるテクニックも必要になります。

この盛りつけのテクニックのもう1つの利点は、使用する食材の数を5品までに抑える効果があることです。彩りをベースに食材数を限定することで、原価を抑える効果もあります。

特に、赤と緑を効果的に活用することが大切です。同じ赤色の食材でも、カットの仕方と大きさに変化を持たせて活用することで、違った表情を見せることができます。

ルール5　アクション

提供時にテーブルで行なうアクションも、付加価値を提供するための代表的テクニックです。最近では、シズル感の演出と連動して行なわれることも多くなってきています。「あと乗せで調味料やソース、スパイスなどをかける」「こぼれるまで盛りつける」「提供時にバーナーで炙る」「提供時にカットする」など客席でのアクションは、それだけでほかのお客さまからも注意を集める効果があり、SNSに動画をアップされる可能性が上がる重要なテクニックです。

ルール6　強調する

ある特定の食材を強調した盛りつけも基本的なテクニックです。目立つ食材や高級食材、価値の高い食材などを商品のトップに盛ることや、1カ所にまとめて盛ること、商品そのものをその代表的な食材のみで構成することもテクニックとして活用できます。

ルール7 余白の活用

一般的にはボリューム感を演出したくて、食器いっぱいに盛りつけるケースが多いですが、このルール7は、あえて逆に余白を取る手法です。余白を効果的に活用することで、上品さやエレガントさ、ちょっとした高級感などを演出することができます。特に、少し重く感じられる料理では、余白を効果的に作ることで、軽快でモダンな印象を与えられます。

ルール8 重ねる

この盛りつけ法は、食材を何層にも重ねる方法と、食器を重ねる方法の2種類があります。食材を重ねる方法は、ミルフィーユ仕立てとか重ね焼きなどとネーミングされることが多くあります。セルクルなどの型を使用し、天に盛りつけるテクニックとしても一般的です。何層にも食材を重ねるので、断面をきれいに見せることができる利点があります。

また、食器を重ねることで、商品のグレード感を高める効果もあります。ごく一般的な商品でも敷皿を1枚下に敷くだけで、高級感を演出することができます。また、熱々の商品を提供するときなどは敷皿を持って提供することで、オペレーションも楽になります。

ルール9 対称・非対称

一般的に料理の盛りつけは左右対称に盛りつけることで、見た目のバランスが取れて安定感が出ますが、あえて左右非対称に盛りつけることで、ある食材を強調する効果やストーリー性を強調する効果も狙えます。ガストロノミー（美食学）やイノベーティブ（革新的）などをうたっている高級業態などでは一般的であり、頻繁に用いられているテクニックです。

この盛りつけ法は、**プチ贅沢の演出や、高級食材の提供時には特に効果的**で、高付加価値を提供する目的としては非常に優れた盛りつけのテクニックです。特にパーティーの際には、料理が華やかになり、場が盛り上がります。

ただし、注意点があります。この方法は成功すれば高い効果が見込めますが、同時にかなりセンスが必要です。導入する際には、十分にセンスを磨いて、しっかりと練習を重ねてください。また、最も時間を要する手法でもあることも注意してください。

ルール10　絵を描く

まるで皿に絵を描くがごとく盛りつけます。一般的には「ソースなどで線状に抽象的な図形を描く」「点として散らす」、もしくは「粉末や液体の食材を皿の上から振りかける」といったことを行ないます。この盛りつけは、パーティー料理を豪華にして、お店の品格をランクアップさせることや、デザートなどに大きな効果を発揮するテクニックです。

10個の特徴的な盛りつけ方法の見せ方と演出法をご紹介しましたが、これらを単独で活用してもよいですし、複数を組み合わせて活用することもできます。食材の特性を強調し、それを何層にも重ねて、高さを強調し、彩りよく華やかにし、余白を取った大きめのプレートの端のほうに盛りつけ、提供時にアクションをつけ加えると、一気に6個のルールを採用したことになります。

このほかにも、わざとこぼれるまで盛りつけるやり方や、食器から飛び出す盛りつけなど、付加価値を上げる盛りつけ方法はたくさんあります。一般的に味の追求はいつも行なっていると思いますが、商品の演出に関してはまだまだグレードアップできる余地がたくさんあります。ぜひ、自然集客のために、個性的でお客さまの心を揺さぶる商品を開発してください。

これができたら、商品のビジュアルを整えて、文字情報でしっかりと商品特性や開発ストーリーなどを伝えてください。**商品単独の魅力で売れるほど、現代は単純な時代ではないので、必ずこうした情報公開が必要です。**

そのためには、あなたの概念を変化させてください。「料理をする」という概念から、「食べてみたいと思わせる売れる商品を開発する」と、変化させてください。「売れる商品」は、集客のための重要なツールであると深く認識してください。

法則20

ブランディングの法則

「コントロールされた情報」を提供して口コミを誘導する

POINT

- ブランディングが成功しているお店は大量の情報を定期的に発信し、内容にブレがない
- お客さまが口コミで投稿するための情報（商品の背景など）はお店が事前に用意する
- お店の特徴、料理の魅力について「一貫性のある情報」をひたすら発信する

ブランディングで口コミを増やせるお店、増やせないお店の違い

現在の飲食店は皆さんが想像している以上に、ブランディング戦略が重要です。差別化のためにも特別化のためにも、とにかく集客のためにはお店を1つのブランドとしてお客さまに認識していただくことが非常に重要です。

ブランディングがうまくいっているお店と、ブランディングができていない（もしくは、していない）お店の違いは、どこにあるのでしょうか？

1つ目のポイントは「情報の質」、2つ目は「情報の量」です。ブランディングができてい

ないお店は、そもそもお店が提供している情報の量が少なすぎる上に情報の質も劣悪です。そのため、ブランドとして認識されていません。一方、**ブランディングが成功しているお店の共通点は、情報の量が多く、定期的に発信されており、情報の内容にブレがない**ことです。そのためお客さまの目に留まる機会も多く、ブランドとして認識されやすくなってきます。

ブランディングができていないお店の特徴として、口コミの弱さが挙げられます。なぜ口コミが弱いのでしょうか？　その原因は情報をまったく管理していないからです。そもそもお客さまに口コミをしたくなるような情報を提供しないと、口コミは拡散されません。お店を利用したお客さまが、食べた商品の特徴は何なのかを正しく理解できないと、書き込みようがありません。書き込むネタが見つからないので書き込めません。

実は、**お客さまは自分がネットに投稿するにあたって、お店や商品について正しく理解した上で書き込みたいと思っています。**ところが、お店サイドはその気持ちに気づいていません。ネットへの投稿が危険性をともなうことを考えると、下手なことは書きたくないとお客さまは思っています。また、あとで間違いを指摘されるのも恥ずかしいですし、炎上する危険性もあります。でも、こうしたリスクがある一方で、情報をアップして注目を集めたい。そんな矛盾した感情も持っています。

ですから、お店は商品に関する正しい情報を提供する必要があります。そうすることで、お客さまを危険から守ることができます。**お店が事前に口コミ用の情報を提供しておけば、お客さまはそれを書き込むだけよいので、安心して投稿できます。**このような情報を提供しているかどうかが、口コミが広まるお店とそうでないお店の違いです。

ここで、理解度を深めていただくため、簡単な事例を紹介します。

仮にメニューに「刺激的な辛さ」と書かれていても、辛さに対する耐性には個人差があります。耐性が強い人であれば「『刺激的な辛さ』と書かれていましたが、私にはそれほどでもありませんでした。ただし、辛い料理がそれほど得意でない方には、それなりに刺激的だと思います」などと、ご自身の体験とともに一般論も書いてくれるようになります。要は、お店が商品の正しい情報を提供しているので、書き込めるのです。

発信する情報に統一感を持たせる

お客さまにネットで投稿していただきたい情報を、お店がきちんと決めることが重要です。また、口コミが広がる前提で表現を考えて、お店自身が統一感のある情報を常に発信し続けます。こうすることで初めて情報はコントロール可能になり、お客さまは安心して口コミを書き込める状況が整います。

現代の飲食店は、集客のために非常の多くの注意を払い、労力をかける必要があります。少しても怠ると、集客力に影響が出ます。しかし、集客に多大な労力をかけることは実質的に不可能です。ですから、お客さまに口コミをしていただき、集客をサポートしていただく必要があります。

口コミとは、お客さまによる集客活動のサポートともいえます。お客さまそれぞれが発信する情報が統一感のないバラバラな内容では大変なことになります。同じお店や料理なのに、お客さまそれぞれがまったく違うことを書き込んだら、読んだ人は「いったいどちらが本当なのか？」と混乱してしまいます。

そうならないために、メニューブック、お店のインスタグラム、フェイスブック、ホームページでは、必ず同じ情報を提供する必要があります。私はクライアントには、特にインスタグラムなどでは、商品の特性を細かく分解して表現するようにとお伝えしています。

たとえば、ハンバーグの特性を伝える場合、あるときはひき肉のことばかりを強調して伝えるようにします。「使用しているのは黒毛和牛１００％である」「国産牛と銘柄豚を７：３の割合で使っている」「その食材を採用した理由はこうである」とか、「その結果、このような特性が商品に加わった」といった情報を発信します。

またあるときには、ハンバーグを毎日店舗で仕込んでいることを、映像や動画とともに伝えます。「一気に10キログラムを仕込む」「この量でもたった2日でなくなる」「まずは塩だけで結着させる」

「その後4種類の混合スパイスを投入して手でこねる」「いったん冷蔵庫で寝かせてタネを落ち着かせてから成形をする」といった情報を発信します。

このようにハンバーグ1つをとってみても、材料や仕込み、調理工程、ソース、トッピング、鉄板など、伝えるべき情報は無数にあります。開発段階の苦労や、試作段階での失敗エピソードなど、情報が尽きることはありません。

先ほど例として、ひき肉を挙げましたが、「使用食材がビーフ100%」と伝えたら、もうこの情報は使えないと考えてしまう経営者がたくさんいらっしゃいます。ところが、まったくそんなことはありません。むしろ逆です。

以前発信した情報を見ていないお客さまのほうが圧倒的に多いので、同じ情報を違う表現で伝えてもまったく問題はありません。前回「黒毛和牛100%」と伝えたのなら、たとえば今回は黒毛和牛のどの部位を使用しているのかを伝えます。「ランプというお尻から太ももにかけての部位と、ロースを使用している」「牛脂も5%添加している」「それはこのような効果を見込んでのことである」など、同じ牛肉に関する情報であっても切り口を変えて違った角度から何度でも伝えるようにします。

すると、お客さまはお店を利用したときに、「あっ本当だ！　黒毛和牛の旨味がすごい」「牛脂の効果でいっそうコクが強く出ている」「塩だけで結着しているから肉汁が逃げていないのか」などと、事前に入手した情報の中から自分が感じた特徴を口コミとして、自分の言葉で拡散してくれます。

さらに、その口コミを読んだお客さまが、情報を確かめるために来店します。そして書かれていた通りの体験をすることで、「本当に黒毛和牛の強い旨味を感じる」「コクがすごい」「ジューシーさがハンパない」などと、さらに書き込んでくれます。

こうした投稿が蓄積されることで、お店の特徴が認識されるようになります。

これらの**情報を意図的にコントロールすることが、ブランディング戦略の本質**です。ブランディング戦略とは、情報操作による洗脳作業と言っても過言ではありません。情報を完全にコントロールして、「あの店は〇〇がすごいところですよね。〇〇が有名ですよね」と、お客さまに1つの印象を深くインプットするための洗脳作業です。

集客を目的とした洗脳作業には、意図的にコントロールされたビジュアルと文字情報の提供が必須です。多くの経営者がこだわっている「おいしい」という情報は、実際に来店してから初めて取得できる情報・体験です。それを深く理解していないので、「おいしさをアピールすればよい」という間違った認識になってしまいます。集客ポイントがどこにあるのかを理解できていないので、「おいしさにすがるしかない」というほうが正しいかもしれません。

一番大切なのは、「おいしさ」を体験するための「初めての来店」をうながすことです。「お店に行ってみたい」、「この商品を食べてみたい」と、お客さまの感情を揺さぶることです。

お客さまがお店と商品を体験する前から、「楽しい」「おいしい」と思わせることが、ブランディング戦略の原理原則です。

先ほどの「法則19　自然集客の法則」（218ページ）と、このブランディングの法則は、ビジュアルと情報をコントロールする一対の法則です。このようにマーケティング的な観点から、効果的にコントロールされた情報の提供手法を学び、確実に実行しましょう。逆に言えば、ブランディングをきちんとコントロールできないと、いつまでも小さなマーケットで戦うことになります。

それに対してブランディング戦略が成功すれば、小商圏のビジネスモデルから、世界（インバウンド需要）をターゲットにした大商圏のビジネスモデルへの飛躍が可能になります。

ぜひ、情報の効果的な正しいコントロール法を学び、繰り返し情報発信を行ない、自店のブランド化を完成させ、商圏の拡大を図ってください。

法則
21

リピートの法則

また食べたくなる「味の設計図」の作り方

POINT

- 「おいしい」はお客さまが来店して初めて経験できること、その前に来店をうながす
- リピートを狙うなら「わかりやすい味」「優れたコスパ」「ホスピタリティの充実」
- 「売れる味」を開発するために「味の設計図」を作って試行錯誤する

お店を支えてくれるご贔屓客

繁盛するためには、新規客の集客と同じく大事なのがリピート客を作ることです。**リピートしてくれるお客さまが増えない限り、ずっと新規客の獲得に奔走する羽目になってしまいます。**

さて、一口にリピート客と言っても、ランクがあります。数回利用していただいているお客さま、もう常連と言ってもいいほどに頻繁に利用していただいているお客さま、さらに、常連さんの中でも、お名前や勤め先などの個人情報をある程度把握できている方もいらっしゃいます。

そして、もうすっかりお店のファンになっていただいて、お店の都合をすべて飲み込んでいただけるようなご贔屓《ひいき》客が最上位クラスです。

たとえば、その日の売上が悪かったり、ノーゲストの状況のときに連絡をすると、友人を連れてお店を利用してくれるとか、新商品の試食会に参加してくれるとか、お店の宣伝をしてくださるのはもちろんのこと、知り合いにパーティーを計画している人がいると、お店を紹介してくれるなど、いろいろ協力してくれる「お店のファン、応援団」ともいえる方たちです。実際、コロナ禍の最中に、ご贔屓客がお店を応援してくれたおかげで、難局を乗り切ったお店がたくさんありました。

ご新規のお客さまをご贔屓客にまで育て上げるためには、いくつものハードルを越える必要があります。ご贔屓客に支えられて繁盛しているお店とそうではないお店の違いが確実にあります。

今やネットで検索するだけで、とてつもない数の情報がSNSや口コミサイトで見つかります。高評価の口コミがたくさん集まった結果、繁盛店になっているお店はたくさんあります。新規のお客さまは、初めて利用したお客さまや常連客・ご贔屓客の投稿内容を見ながら、お店を選んでいます。

これまで多くの飲食店経営者の方とお会いしましたが、SNS、口コミサイトで自分のお店に関する投稿をきちんとチェックしている人は本当に少ないです。あくまで私個人の感覚ですが、頻繁にチェックする人は15％程度です。多くの方は「チェックしない」というよりも「(怖いから) 見たくない」ようです。

しかし、**口コミはお客さまの声ですから、そこにはすべての答えがあります。** 私は「絶対に確認してください」と、強くお伝えしています。

「たまたま」で自分をごまかしてはいけません

繁盛店とそうでないお店は、SNSや口コミサイトでの投稿に次の違いがあります。**繁盛店に共通しているのは、口コミや写真の投稿がほぼ同じ商品に偏っていること**です。一方、繁盛していないお店に共通していることは、投稿されている商品に統一感がありません。さまざまな商品の写真がバラバラに並んでいます。

この現象を分析すると、お客さまはある特定の商品を体験したいと思い、そのお店を選び、実際にその商品をオーダーしているという消費行動をとっていることがわかります。

私は、このお客さまを引きつける商品を「集客商品」と呼んでいます。これまでに本書で何度も出てくる「集客商品」ですが、この有無が繁盛店になれるか否かの分かれ目です。

お客さまはネットで見かけた集客商品を体験するために来店します。そしてその商品を体験して、自分の予想を超えていたら驚き、感動し、それをネットに投稿します。反対に、予想を下回る体験だったら、投稿しません。また、商品のレベルが「ひどい」と感じたら、辛辣《しんらつ》な言葉（「二度目はない」など）を投稿します。

もちろん、こうした辛辣な言葉を目にしたくないから、ネットを見たくないという気持ちはわかります。しかし、これも1つの答えです。その厳しい口コミから何を学ぶかによって、その後の展開は大きく違ってきます。

最もやってはいけないのは、その口コミを「たまたまですよ」で済ませてしまい、向き合わないことです。実際に私がお店の支援をするときに、そのお店に対するネット上の辛辣なコメントを指摘すると、多くの経営者と調理担当の方が同じセリフを言います。「須田さん、それはたまたまですよ」と。

もちろん、その通りです。しかし、飲食店とはすべてが「たまたま」です。「たまたま」お客さまがあなたのお店の情報をネットで目にして、「たまたま」タイミングが良かったのでお店を利用して、「たまたま」その商品を頼んだら完成度が低くて、「たまたま」その感想を口コミサイトにアップしてしまいました。すると、「たまたま」その口コミを誰かが見てシェアをしてしまい、その結果、「たまたま」運悪く炎上してしまう。

すべては、「たまたま」起こってしまったことです。

「たまたまですよ」と言って、正面から向き合うことを避けていると、たまたまでは済まされない事態を招く危険性があるのが、現代の飲食ビジネスです。

実際に、ネット上で影響力がある方がお店を利用したときに「たまたま」お店の対応が気に入らなかったため、その経験をSNSにアップしたところ、大惨事になった事例もあります。

ですから、常に真摯にビジネスに向き合うことが大事です。

「おいしい」の前に伝えるべきこと

多くの経営者の方は、繁盛店になるためには「おいしい料理があればいいでしょう」と考えていますが、それは大きな間違いです。私はクライアントには常々、次のようにお伝えしています。

「おいしいは最後に得られる情報です。お客さまが『おいしい』にたどり着くまでには、たくさんの感情の変化と行動が必要です」

先ほど「法則20　ブランディングの法則」でも同様のことを述べましたが、詳しく説明します。

お客さまが何らかのきっかけでお店を知って、お店と商品に興味が湧き、スケジュールを調整して、来店します。そして、メニューブックを見て商品を確認して、オーダーをして商品が提供されます。待ちに待ったその商品を見て、確認して、初めて商品を口に運びます。

このとき、予想通りの味であれば「まあ、こんな感じかな」と安心をしますし、予想を上回る味であれば感動してネットに投稿します。それに対して、予想を下回る味だったり「たままま」お店の対応が悪かったりすると、残念な体験として投稿されてしまいます。このように**お客さまが「おいしい」にたどり着くまでには、多くの感情の変化と行動をともないます。**

「おいしい」はあくまでもお店に来て初めて体験できることです。ですから、新規客の開拓には「法則20」でお伝えしたビジュアルと文字情報が必要です。というか、伝える手段がビジュアルと文字情報しかないというほうが正確です。まだお店を利用したことがない段階では、商品の味までは絶対に理解できません。だから、「想像させる」「洗脳する」という作業が必要となります。

では、「おいしい」にはどのような効果があるのでしょう?

皆さんは、これについて考えたことがありますか?

実は、「おいしい」は、リピート客を創造する効果があります。

話をまとめると、次のようになります。

- **新規客はビジュアルと文字情報で集める**
- **リピート客は「おいしい」で創造する**

また、リピート客を創造するためには、おいしいとともにコストパフォーマンスとホスピタリティも必要です。

お客さまを確実にリピートさせたいのなら、わかりやすい味と優れたコストパフォーマンスを提供し、そしてホスピタリティを充実させることがカギとなります。

第1章で「コストパフォーマンスとは、価格と価値の相関関係」とお伝えしました。商品の価値が価格を上回れば、お客さまは感動してまた体験したくなります。

「おいしい」を作るための「味の設計図」

ここでは、「おいしい」の作り方をお伝えします。

まず「味の設計図」を作りましょう。味の設計図とは、商品をやみくもに調理するのでなく、まず商品特性を分解してどの要素を強く打ち出し、何を個性としてアピールするのかを整理するための設計図です。

東京の神保町に「鰹《かつお》が昇るまで」という、枕崎まぜそばと担々麺の専門店があります。次ページ図21－1は、私がこのお店の新商品開発をサポートしたときに作成した味の設計図です。

このときは、枕崎産の鰹をふんだんに使用することがテーマでしたから、旨味、コク、深み、キレ、風味という5つの味の方向性を設定しました。

この設計図のあとに、それぞれの商品が目指すゴールを決めます。まぜそばと担々麺が、どのような効果を発揮するように設定するのかといったことです。そうすることで、単に「調理をする」という作業から、**「何を表現する必要があるのか」「どこがアピールポイントなのか」を理解でき、商品開発のスピードが速くなりブレることもなくなります。**

次に別のお店で「食後のコーヒー」の味の方向性を決めるときに提案した事例を紹介します。

コーヒーは単体で飲んだときと、ランチ後で舌にまだ食物の味の記憶が残っている状況では、味や風味を感じるポイントが違ってきます。そ

図 21-1

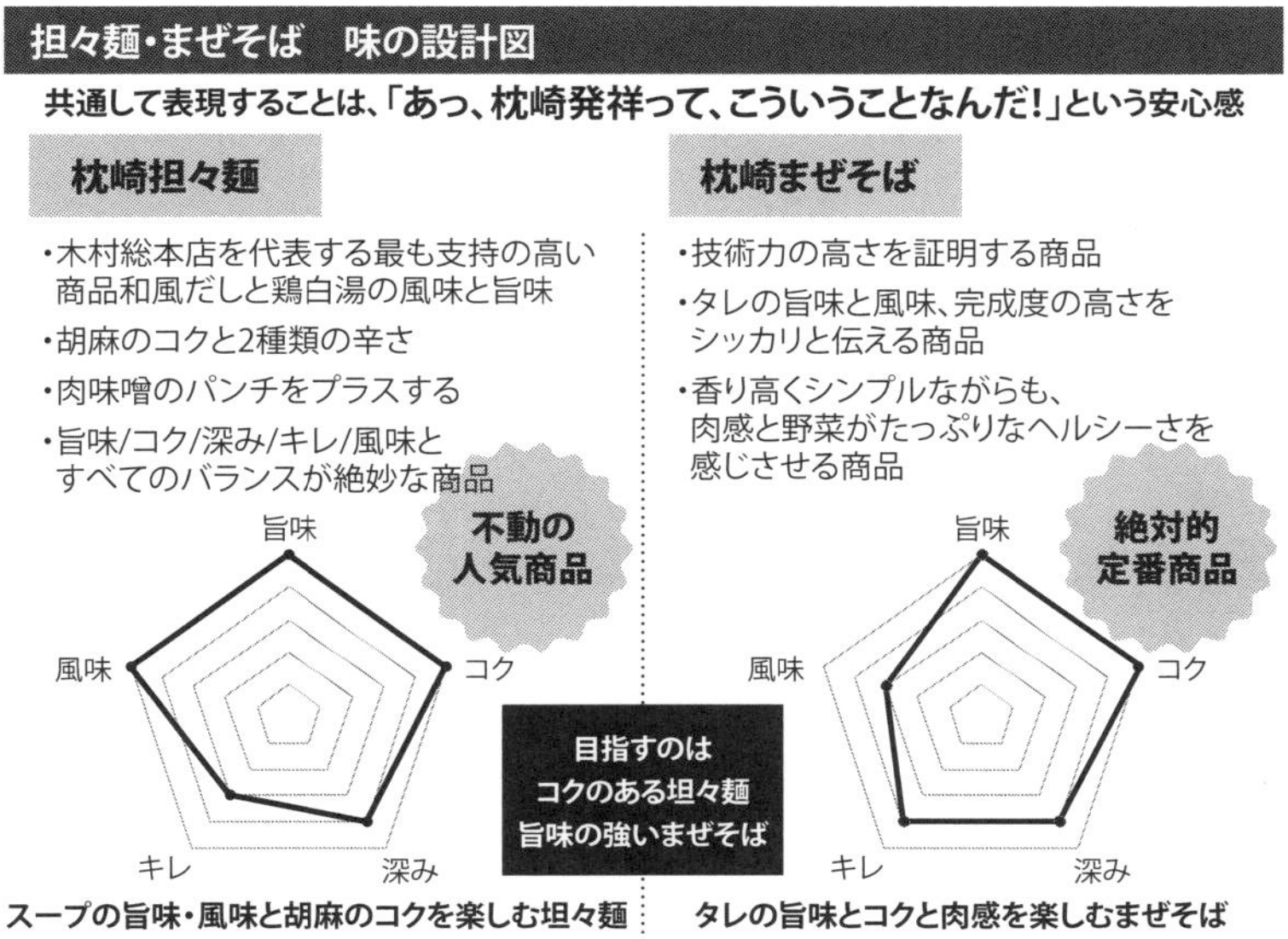
担々麺・まぜそば　味の設計図
共通して表現することは、「あっ、枕崎発祥って、こういうことなんだ！」という安心感
枕崎担々麺
・木村総本店を代表する最も支持の高い商品和風だしと鶏白湯の風味と旨味
・胡麻のコクと2種類の辛さ
・肉味噌のパンチをプラスする
・旨味/コク/深み/キレ/風味とすべてのバランスが絶妙な商品
不動の人気商品
旨味
コク
深み
キレ
風味
スープの旨味・風味と胡麻のコクを楽しむ担々麺
枕崎まぜそば
・技術力の高さを証明する商品
・タレの旨味と風味、完成度の高さをシッカリと伝える商品
・香り高くシンプルながらも、肉感と野菜がたっぷりなヘルシーさを感じさせる商品
絶対的定番商品
旨味
コク
深み
キレ
風味
タレの旨味とコクと肉感を楽しむまぜそば
目指すのは
コクのある担々麺
旨味の強いまぜそば

枕崎まぜそばと担々麺の専門店が開業前に作った「味の設計図」

れを踏まえて、「食後に感動を提供できるコーヒー」というテーマでコーヒーを開発しました（図21－2）。

図 21-2

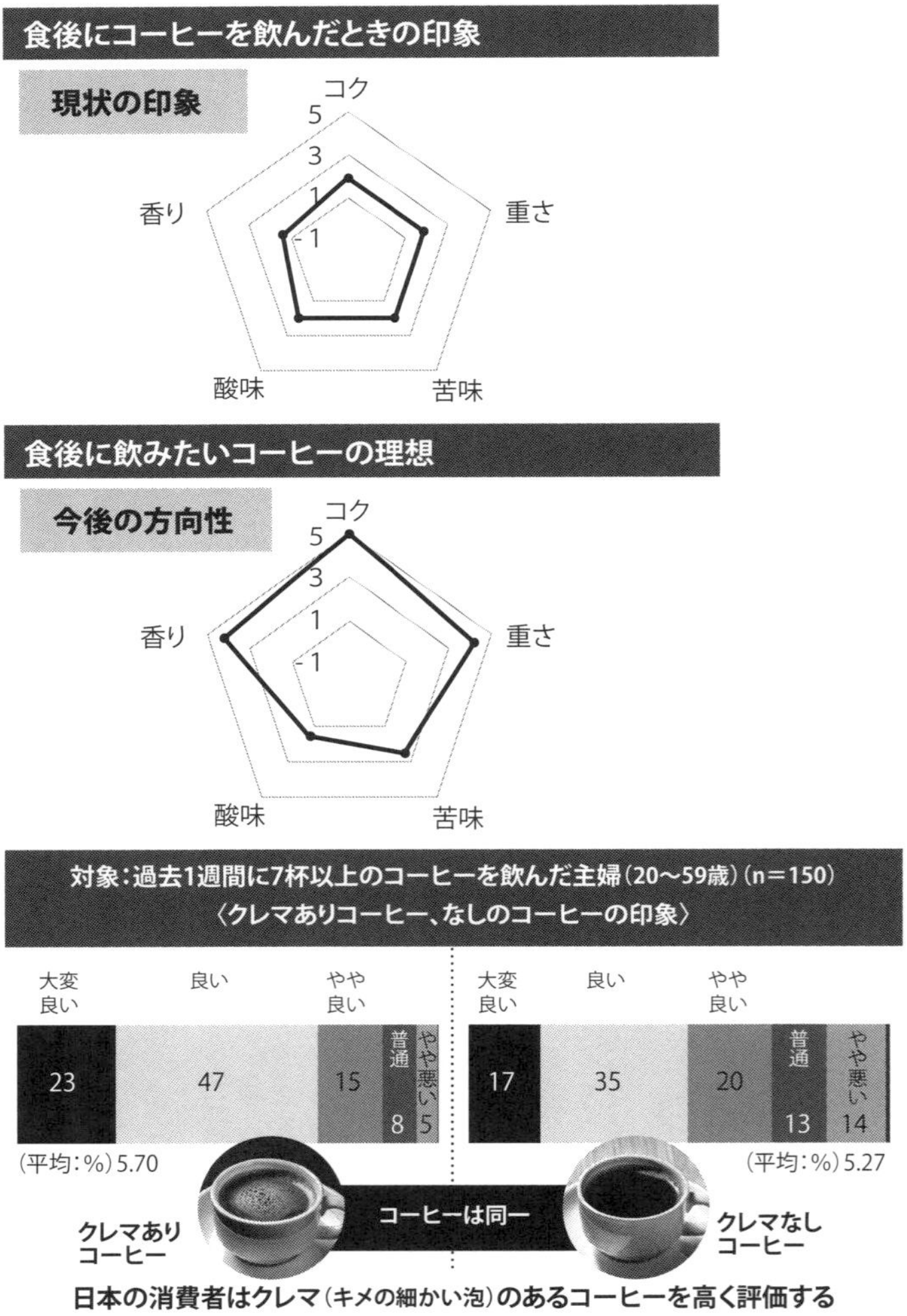

「食後に感動を提供できるコーヒー」をテーマにした「味の設計図」

このように味の設計図を作ることにより、開発の意図を明確にすることが可能となり、参加メンバーと認識を共有することが可能となります。開発途中で横道に脱線しそうなときには、即座に軌道修正もできます。

「おいしい」よりも「売れる味」

私はこの味の設計図を使って「売れる味」を作っています。

実は、「おいしい」は1つの概念です、記憶の産物と言っても過言ではありません。なぜ記憶の産物なのかというと、多くの場合、「おいしい」は間違いなく食べ慣れた味をおいしいと感じるからです。食べ慣れているということは、その味が記憶に深く刻まれているということです。ですから、母親の作った料理がおいしくて、ふるさとの味が懐かしくて、食べ慣れている味をおいしいと感じてしまいます。

「おいしい」の客観的な定義は存在しません。

たとえば、「塩分濃度は何パーセントから何パーセントがベスト」「食感はこの範囲」「風味はこの要素が必要」「旨味成分はこれとあれの混合が最も良い」などという定義はありません。

確かに「繁盛しているラーメン店の塩分濃度はこれくらい」などという経験にもとづく基準的な数値はあります。しかし、それはラーメンだけに当てはまる数値ですし、同じラーメンであっても扱う商品やどのようなターゲット・消費連動を狙うかなどによって変わります。

その一方で**「売れる味」は確実に存在します。それは「わかりやすい味」です。**一口食べて、「なるほど！」と即座に理解できる味は売れます。そして、甘みは旨味であることを理解して上手に表現すると、確実に売れます。

甘みは、料理にコクを与え、旨味として捉えられる要素ですが、「甘みを加えるために砂糖を使う」という単純なことではありません。甘みとは実に複雑な要素で、砂糖の甘さももちろんその1つですが、食材そのものが持つ旨味や調味料の組み合わせで感じる甘みもあります。ですから、**旨味として甘みを上手に表現すると、売れる味になる可能性は高まります。**

これを読んで、「甘いものは売れるということか」と、言葉尻をとりたくなる方もいらっしゃるかもしれませんが、私は、単に砂糖のような甘みを加えればよいと言っているわけではありません。旨味とコクを感じさせる要素として甘みを意図的に活用しましょうということです。

私が古くからの知っているある料理人は、きんぴらごぼうを作るときに醤油しか使いません。砂糖はもちろん、みりんや酒も使わず醤油だけで味つけをしますが、素材の旨味と甘さをしっかりと引き出して、とてつもなくおいしいのです。また、かつてお手伝いした日本一の親子丼専門店も、店主の方が開発した万能ダレは甘みとコクがありましたが、みりんも砂糖も使っていませんでした。このように、売れる味には旨味が感じられることは必須の要素です。

そして味は「重ねる」と、いっそうおいしくなる傾向があります。

食感を複数を合わせると「売れる味」になる

食感も複数を合わせると売れる味になります。

たとえば、「外はパリッとしていて、中からとろ～っ」は、多くの方が大好きな食感です。人の脳は、塩味と動物性たんぱく質と油を一気に摂取すると興奮するようにプログラミングされています。焼き肉、ラーメン、カレー、お寿司など人気料理には、この要素が含まれています。さらに、炭水化物が加わることで、さらに強い組み合わせとなります。ラーメンしかり、パスタしかり、お寿司しかりです。

そして、**売れる味の開発に必要なもう1つの要素が、引き算の要素です。**売れる味を表現するためには、ある特定の味の方向性を強める必要があります。しかし、それだけだと必ず食べている途中で飽きてきます。この飽きる現象を解消するのが、引き算の要素です。

たとえば、濃厚な味つけの方向性ばかりだと必ず飽きるので、シャキシャキ食感の野菜をトッピングします。第2章でも紹介している東京中目黒の「スクーカムホットドッグ」ですが、濃厚な手作りソーセージとバーベキューソースの強い個性を、シャキシャキ食感の野菜が引き算してくれています。そこに、食感が異なるアボカドが添えられているので、複雑で奥の深い味の構成になっています。ですから、450グラムもあるホットドッグを最後まで飽きることなく完食できます。あわせてビールやコーラなどの炭酸系のドリンクが、飽きてくることを解消する役割を果たしています。

おいしいのは良いのですが、「おいしすぎる」とリピートしていただけません。何事も「過ぎたるはなお及ばざるがごとし」で、おいしすぎると印象が強く残りすぎ、舌に残った味の記憶がいつまでも切り変わることがない場合には、確実に次の来店までの間隔が長くなってしまいます。

「おいしいけれど、スッとはかなく消えてしまう」のがリピートしたくなる要因です。

そして最後にもう1つの大切な要素があります、それが**ギルトフリー**です。おいしいものは高カロリーとか、油ギッシュとか、添加物など、どこか罪を意識させる部分があります。その罪の意識を払しょくする要素を盛り込むと、売れる可能性が高まります。

実際に、「鰹が昇るまで」も、「スクーカムホットドッグ」も、ギルトフリーを前面に打ち出し、その結果強いリピート率を実現しています。確実にギルトフリーは、今後ますます重要な要素になってきます。

ぜひ味の設計図を作って、それぞれの強調する要素とそれを補完する引き算の要素、提供する旨味の要素、そして異なる食感と、はかなく消えていく旨味の提供を実現してください。

法則22

商圏設定の法則

ご近所ビジネスを卒業して、圏外・海外を狙おう

POINT

！インターネットを効果的に利用し、ブランディングをしっかりすることで、商圏をほかの都道府県に広げたり、海外のインバウンド客を引き寄せることもできる

！出店の際は商圏人口の多さではなく、自店の業態が受け入れられるかどうかで判断する

ネットをうまく活用すれば商圏は一気に海外まで広がる

昔から飲食店は場所ビジネスだといわれてきました。「繁盛する／しない」は立地選び・物件選びである程度決まってしまうといわれてきました。

これは事実なのでしょうか？

実は、これまでは事実だったのですが、インターネットが普及した現在、かつてほど立地の影響を受けづらくなり、繁盛の絶対的な条件ではなくなりました。

そもそも飲食業は地域に根づいた生業《なりわい》でした。商圏はお店を中心に半径数百メートル程度

が一般的でした。その数百メートルの中で、ライバル店とお客さまを奪い合っていました。仮に隣町に似たような業態があっても、わざわざそこまで足を運ぶことがありませんでした。

しかし、インターネットが普及してからは、さまざまな情報に簡単にアクセスできるようになり、多くのお客さまの行動範囲が広がりました。

もはや自店の出店エリアだけが商圏という時代は終わりつつあります。というよりも、商圏をこのように限定的に捉えていると、早晩行き詰まる危険性が高まっています。

東京などの大都市圏では隣接する県から職場に通っている方がたくさんいます。そうした方たちは、主に会社か自宅の近所にあるお店を利用しますが、それ以外の地域であっても、週末にネットで見つけたお店を訪れることがあります。また、常に行列が絶えることがなく、並んでいるのは海外からのお客さまというケースが大都市圏に限らず、全国いたるところで見られます。**インターネットを効果的に活用して、正しくブランディングできれば、商圏を一気に日本全国・世界へと拡大することも可能になっています。**

特にインバウンド集客を考慮すると、日本食の味の方向性も、食材の扱い方も、商品クオリティの高さも、卓越した調理技術も、驚愕のコストパフォーマンスも、そして最も影響力がある日本式のホスピタリティあふれるおもてなしを、とてつもなく大きなインパクトある体験として提供することができます。

われわれ日本人にとってはごく普通のことが、海外からのお客さまにはアメージングな体験として捉えられています。そして、その体験がインターネットを通じて世界中に拡散していきます。日本の食文化に触れた驚きを、そのままの体験として表現する口コミの発信は、海外から集客するためには絶対の条件となります。

インバウンド集客のポイントは、圧倒的な口コミ力の活用です。インバウンド集客が実現できれば、確実に新たなステージへと移行していきます。

かつて、渋谷にある焼き肉屋がありました。この店は海外向けグルメサイトの焼き肉部門において日本一の点数を獲得していました。このお店の特徴は、カウンター越しに焼き肉を焼いてお客さまに提供することでした。店長さんの英語が堪能で、海外のお客さまを楽しませるパフォーマンスを行ないながら、商品を1品1品解説して、必ず女性客だけに焼けた肉を取り皿に取り分けたり、焼いてから取り皿の上で仕上げの調理をするなど、とにかくエンターテイメント性が高く、海外客を徹底的に楽しませていました。そして、いつもゲストと一緒に写真撮影に収まることや、ゲストを撮影することも積極的に行なっていました。

そして、日課として海外向けの複数のグルメサイトを確認して、アップされた口コミすべてにメッセージを書き込んでいました。その結果、日本滞在中に何度も訪れるお客さまもいましたし、彼らが帰国後に親せきや友人にお店を紹介し、お店を利用するというサイクルができ上がりました。地下にあったお店でしたが、いつも地上から階段の下まで長い行列ができていました。

このように、お店の特性と日本のおもてなしの特性を表現することで、とてつもない集客につながるのも、現代の面白いところです。確かに国内の客数は減少傾向にありますし、生産年齢人口も減少しているため外食の機会、使える金額も減少傾向にあるように思えます。

しかし実際のところは、客単価は順調に伸びていますし、コロナ禍以降の特徴的な現象ですが、プチ贅沢思考(「せっかくの外食だから少し贅沢しよう」という消費者のマインド)が堅調になってきています。この傾向は今後、確実に伸びていくことが予想されます。

もちろんインバウンドの需要も円安傾向の中、今後増加するでしょう。国の政策も外貨獲得の方向を向いています。年間数千万人のインバウンド客は今後も増加することは確実です。すでに一部の業態では、国内のお客さまはサブターゲットで、メインターゲットはインバウンド客という事態も発生しています。

そうした業態に共通する特徴は、高客単価で扱っている食材のグレードが高いこと、パフォーマンスとエンターテイメント性にあふれていることです。日本人相手ではないビジネスモデルなので、一般的な売価の2~3倍に設定されています。もちろん、価格が高いだけではなく、商品のクオリティもしっかりとしており、ホスピタリティも行き届いたサービスを提供しています。客単価が高く潤沢に利益を確保できているので、高いサービス力を発揮できる結果となり、好循環が発生しています。

このような事例を紹介したところで、あなたは「自分のお店の立地、物件でインバウンドの話を聞かされてもなあ……」とか、「でも、それは東京など大都市での話で、自分がいる地方都市ではしょせん無理だな……」などと考えていませんか？　それは、チャンスを逃してしまう考え方です。

何度も言いますが、集客とはお店に行きたくなる理由をどれだけ多くすることができるか、そして実際にお店を利用していただいたときに、体験価値の最大化ができることが強い集客力となり、リピート率を向上させファンを増やすことにつながります。

そのポイントを深く正しくしっかりと理解できたのなら、試しに海外向けのグルメサイトに登録をしてみませんか。もし英語が苦手でも、ディープエルという翻訳サイト（https://www.deepl.com/ja/translator）を使えば、日本語を入力するだけで英語に翻訳してくれますし、逆に英語をコピーして貼り付けると瞬時に日本語に訳してくれます。メニューも英語をはじめ、フランス語、イタリア語、中国語、韓国語などに翻訳してくれます。あるいは、最近普及し始めているChatGPTなどの生成ＡＩを利用するのもよいでしょう。

翻訳した文章をイエルプやトリップアドバイザーなどの口コミサイトに登録することで、可能性は高まります。国内ではUSENが提供している、「SAVOR JAPAN」というサイトもあります。これらを活用することも、おすすめします。

とにかくくすぶっていても仕方がないので、何か行動を起こしてみることです。これまでの小商圏のビジネスモデルから脱却して、大商圏のビジネスモデルへの飛躍を目指してみてください。どこで開業していても、一歩踏み出すことで、一気に商圏が拡大し、来店客数が増える可能性があります。

そのためにSNSを活用して、有益かつ意図的な情報の拡散をコントロールし、商圏拡大を図ってみてはいかがでしょうか。私が現在お手伝いをさせていただいているプロジェクトの80％程度がすでに海外を商圏として捉えています。

かつて、ある著名なコンサルタントの方が「新たなビジネスを構築するのであれば、世界を基準としたビジネスモデルにするべきである」とおっしゃっていましたが、まさしく現在がそうです。飲食店だから、生業《なりわい》業だからと、こぢんまりと小さな商圏でまとまっている時代は終わりつつあります。ぜひ世界基準のフォーマットにして、商圏を一気に拡大する戦略を取り入れてみてはいかがでしょうか。

人口の多さよりもお客さまのモチベーションの高さが重要

次に、商圏の設定についてですが、その前に、皆さんご存じの売上を算出する際の公式がありますので、それを再確認したいと思います。公式は「客数×客単価＝売上」ですが、最初に客数がきています。これは、客数が売上算出の基礎を形成していることを表しています。この客数は出店する商圏の人口や、最寄り駅の乗降客数などを基準にして算出しています。

実はこれが、集客を困難にしてしまう最初のミスです。商圏人口と乗降客数などを基準にすると、どうしても人口の多いところや乗降客数の多い駅の近くが良い物件となってしまいます。すると、確かに人口は多いですが、その分競合も激化します。そして大きな負担となる固定費である賃貸料が高騰します。賃貸料は売上が上がれば上がるほど賃料比率を下げられるのでまだ良しとしますが、競争の激化だけはその立地にいる限り継続します。すでに出店している既存店の中に、埋もれてしまい気づいてもらえない危険性があります。

初出店の場合には、その街で一番新しいお店となります。すると客数が多い出店立地だったとしても、すでに既存店がお客さまをガッチリとつかんでいる状況下に出店をします。その状況の中で、新規顧客を開拓するために、孤軍奮闘となります。このことをよく踏まえて、集客を仕掛ける必要があります。

一般的には工事中からすでに街のウワサになっており、人々は「ここに何ができるんだろうね？」と気にかけているので、オープンの日には行列ができることもあります。その行列を見て一瞬安心するのですが、数日もたつと、行列はできません。並んでいたお客さまはいつの間にか消えて、いつものなじみのお店に戻っていきます。

そして、そのお店でこう言っています、「新しいお店に行ってきましたよ。まああんな感じでしょう」と、まるで評論家にでもなったようにお店を論評しています。この出店パターンが、集客を難しくしている原因です。

もし、そこにターゲットとなる人がいて、そこに間違いなくモチベーションが存在していて、ピンポイントでそのターゲットとしている方のモチベーションを確実に捉えることができていたのなら、このようなことは回避できたと断言できます。

出店前の一般的な商圏調査では、人口を基準に出店を決めてしまうので、どうしても想定しているターゲットのモチベーションと、実際の商圏にいる方々の特性にズレが生じるケースが頻発します。その結果、集客を仕掛けてもまったく効果が表れないことになってしまいます。

必要なのは、出店する商圏の人口ではなくて、あなたがやろうとしている業態を歓迎してくれる、必要としてくれるお客さまのモチベーションが、間違いなく存在しているか否かです。

このことを調査する必要があります。

私が街を歩いていて、お店を見たときによく思うのが、「なぜこの街のこのビルのこの階数に、この業態を出店したのかな?」「なぜここで当たると思ったのかな?」といったことです。大当たりする出店方法は、その商圏に眠っているお客さまの潜在的な不平・不満やモチベーションを見つけてそれらを解消する業態を開発することです（「法則9」（93ページ）で紹介したヒットの法則です）。

狙っているエリアがいくら人が多くても、自分のお店の商品を食べたいと思う人がいなければ、繁盛することは絶対にありません。**人口を客数と勘違いしないで、潜在的な欲求を満たす業態を開発して、商圏のモチベーションに自分たちをマッチさせていくことが、客数を集める最も確実な手法です。**

あなたの「やりたかった業態」を捨てて、「お客さまが望んでいる業態」に路線変更しませんか?一刻も早く自分たちの想いを思考を変化させて、新しい扉を開くための行動を起こしませんか。商圏にマッチした業態に変換しましょう。商圏があなたに迎合することは絶対にありません。自分がやりたかった業態に固執することをやめて商圏にマッチした業態にすると、お客さまが押し寄せてきます。欲しい結果のために自己否定をして業態を再構築しましょう。そこには新しい未来が待っていますよ！

第6章

商道の法則

法則
23

ドリームキラーの法則
間違った思い込みが自分の夢を殺す

POINT

- 「あきらめの悪い自分」を素直に受け入れ、夢に向かってまい進しよう
- 夢はタスクにしてしまえば、絶対に実現させることができる
- 自分自身をドリームキラーにしないで、値上げを断固実施しよう

夢を活かすも殺すも自分次第

「ドリームキラー」という言葉を聞いたことがありますか？　言葉の通り、「夢の実現を壊す人」のことです。実は、あなたが夢を持った瞬間に現れるドリームキラーは、あなた自身です。最初に夢を見たのはあなたであり、最初に夢を壊そうとしたのもあなたでした。そうなんです。最初に夢を見るのも自分自身であり、その直後に、最初に夢を壊すのも自分自身です。あなたより先にあなたの夢を壊せる人は、この世に存在していません。

できない理由ばかりを羅列して、夢を壊すような状態を作っているのは、これまでの間違った常識に縛られている弱い自分自身です。そして多くの場合、この「自分で創り出してしまった〝できない理由〟」で夢をあきらめてしまいます。しかし、世の中には一定数、夢をあきらめることができない、「あきらめの悪い人」たちが存在します。そんな少数派の1人が、起業を成し遂げたあなたです。

あなたは、夢をあきらめる辛さに負けて、夢を実現してしまいました。

本当の夢であるならば、あきらめるほうがはるかに辛いのです。夢をあきらめるもっともらしい考え方は、世の中にたくさんあります。その考えを受け容れてもいいですし、真っ向から対抗してもかまいません。あなたにはどちらを選ぶこともできました。それにかかわらず、あなたは起業を選びました。リスクをとって自分らしい人生を歩むと決めました。

大半の人は、「夢はかなうことはない」「人生そんな甘いもんじゃない」「もっと大人になって現実を見ろ！」などと諭されて夢をあきらめてしまいます。でも本質は、あきらめたのではなく、夢を実現させる辛さから逃げ出したのです。「夢を実現する」という、想像を絶するハードな出来事に向き合うよりも、夢を夢のままにしておいてあきらめるほうが、実は心地良いからです。また、あきらめることができる程度の夢だったからです。

それよりも本当に辛いことは、夢をあきらめることです。その夢が本物であればあるほど、あきらめる苦しさよりもあきらめ切れない苦しさのほうがはるかに辛くて、夢を持ち続けるんです。夢にしがみつくんです。

どんなに辛いことがあったとしても、そこに本物の夢があると、夢に逃げ込むことができるんです。まったく知られていない事実ですが、夢は逃げ場にもなります。本当の夢さえあれば、どんなに辛いことがあっても自分が主人公の映画のワンシーンとして認識することができます。「そうだよね、最初はこうやって辛い体験をするんだよね。成功した人たちは全員、若いときにすごい苦労をしているからね。こうやって一歩ずつ夢に近づいていくんだよね」と、自分の思考と感情の逃げ場を作ることができます。

その辛い時期をある一定期間経過すると、あれほど辛かった出来事を難なくこなすことができている自分に気がつき、気づけば余裕を持ってこなすことができています。そして、またある一定の時間と経験が蓄積されていくと、自分なりの理論やルールができ上がり、効率良く短時間に処理できるようになっています。

最初の頃の辛かった記憶も、できなかった頃の体験も忘れ去られてしまっているかのようです。

値上げの恐怖に押しつぶされるな！

現在お店を持っているあなたも、振り返ってみれば同じような道を歩んできていませんか？

ところが、そのあなたが値上げに踏み切れません。あれほど夢見ていたお店が、存続の危機におちいっているにもかかわらず、値上げする勇気が出せません。お客さまに嫌われる恐怖と、お店が存続できないかもしれない恐怖、この両極端の恐怖に挟まれて、身動きができない状況を、自ら創り出してしまっています。思考は、堂々巡りとなってしまっていますが、その考え方が単なる〝考え方のクセ〟であると理解していますか？

堂々巡りは、単なる考え方のクセです。クセですから、クセだと認識できれば簡単に修正できます。

クセだと認識できなければ、なかなか厄介な代物としてその考えを持ち続けることになってしまいます。


それって、幸せですか？

それって、誰の得になっていますか？

それって、何を守っているんですか？

断言しますが、その考えは誰も幸せにできません。

断言しますが、その考えは誰の得にもなっていません。

断言しますが、その考えはムダなあなたのつまらない小さなプライドさえも守れません。

世間一般に蔓延している、まったく有益ではない情報に洗脳されてしまっている状況であると、一刻も早く気づいてください。もし、値上げの恐怖にさいなまれているとしたら、それは完全に間違った情報を採用してしまった、「洗脳状態」だと理解してください。これからはワクワクする感情をベースに正しい思考を構築して、望む結果にだけ意識を集中させると、自分の感情と思考をコントロールしてください。望む現実を創り出そうと決めて、感情をコントロールして、正しい思考を再構築することができたのなら、行動が変化し望む現実を創り出すことができます。

夢を夢として感じている間は、絶対に実現しません。夢はタスクにしない限り絶対に実現しませんが、逆のことを言うとタスクになった段階で夢は実現していきます。夢をタスクにするとは、値上げをするための具体的な計画を創り上げて、スタッフを巻き込んで行動を起こすことです。感情をコントロールしない限り、思考が進化することは絶対にあり得ません。ましてや、行動が変化することなどあるはずもなく、したがって、結果が好転することも絶対にあり得ません。感情がポジティブな方向に変化しなければ、絶対に現状が変わることなんてあり得ないのです。

ドリームキラーの法則があることを理解できたのなら、この法則に支配されることは回避できます。

「そうか、今自分はドリームキラーの法則に支配されそうになっているだけなんだ、気づけたから意図的に創りたい現実に意識を向け直すことができるんだ」と、感情と思考をコントロールすることが可能になります。

自分自身をドリームキラーとしてしまうのか、望む現実を創り上げることを選択するのかは、あなたの自由です。

今、この瞬間から、商品価値を上げることに向き合いましょう。

それが、唯一の正しいゴール設定です。間違っても、自分自身をドリームキラーにしてしまってては、絶対にいけません！　この法則だけは、絶対にやってはいけない法則です。

法則
24

コンセプト疲労の法則

過去の成功体験にしがみつくと時代に取り残される

POINT

- 多くのお店がコンセプト疲労と店舗の老朽化の2つが原因でお客さまを逃している
- 経営者の仕事は魅力的なコンセプト、業態を考え、お客さまを集めること
- 苦境を脱するためには、経営者自身の「思考の質」を高めることが重要

業績不振の大きな原因は、コンセプト疲労と店舗の老朽化

もし今現在、皆さんのお店の状況が良くないのであれば、2つの可能性を疑ってみてください。開業後数年、数十年経過している既存店が、集客に苦慮する原因は究極次の2つだけです。

1つは**「コンセプト疲労」**であり、もう1つは**「店舗の老朽化」**です。

コンセプト疲労とは、かつては大繁盛した成功体験が足かせとなり、「ウチの店はこの内容でいいんだ、これがお客さまの求めていることなんだ」と、かたくなに妄信してしまい、前時代からのかわり映えのしないつまらない商品群にしがみついて、衰退の一途をひた走っている

状態です。

店舗の老朽化は言うまでもなく、店舗の経年劣化です。汚れ切った厨房、異臭を放つグリストラップ、傷んでところどころ剥がれている壁紙、ビニールレザーが切れて中身が見えているソファー、不衛生で臭いトイレ、ペンキがはがれたドアなど。老朽化はそれだけでお客さまの来店頻度を下げる大きな要因です。

そもそも、お金を払って自宅よりも汚れた、不衛生な環境で食事をしたいと思う人などいません。しかし、不思議なことに、お店の経営者はその環境に慣れているため、気づきません。「いつか補修をしないとな」とは思っていても、売上、資金が足りない、補修したところで集客に直結するとは思えないなど、勝手な論理で対策を先延ばししてしまっています。そして、その結果ますます集客力が落ちていく、負のスパイラルに自ら飛び込んでしまっています。

このコンセプト疲労と店舗の老朽化の2つが原因で、お客さまの感覚との間に大きな認識のズレが発生してしまい、見向きもされない。もしくは、嫌われてしまっているのが、集客できない本当の理由です。

実は、お客さまは常に進化と変化を望んでいることに、多くの経営者は気づいていないようです。

「過去の成功体験にしがみつく経営者、しかし、お客さまは常に新しい刺激を求めている」――これが現実です。多くの飲食店にとって、**過去の成功体験を捨てて、未来を基準とした行動を起こすことが最重要課題**です。それは経営者であるあなたしか、解決することはできません。

私は常々、クライアントに「経営者はお客さまの代弁者であれ」と言っています。現場スタッフが感じ取れないお客さまの動向を敏感に察知して、それを具体的な方針として現場に伝えること、そしてスタッフの前にお客さまを連れて来ることが経営者の仕事です。

経営者と現場スタッフでは、当然、仕事の役割が異なります。それにもかかわらず、この役割の違いを理解せずに、集客も現場スタッフに依存してしまう経営者がいますが、それは大きな間違いです。

コンセプト刷新、店舗リニューアルは経営者の仕事

経営者であるあなたにしか解決できないことが、コンセプトを刷新することと、店舗のリニューアルをすることです。**お店の魅力を最大化し、お客さまに新たに高い体験価値を提供するお店に生まれ変わるため、リニューアル工事を発注できるのは、決裁権を持つ経営者であるあなただけです。**

同時に売上を作るのも、すべてあなたの責任です。

売れる業態を作ることは、最も重要な経営者の仕事です。現場のスタッフの仕事は、経営者

の頭の中にあるお店の理想像を忠実に現実化することです。この両輪が効率良く回転して、初めてお店は繁盛店になります。

「昔は儲けられたのだが、今は厳しい時代」などと昔話をして、業績悪化の責任を環境に転嫁してはいけません。

こうした思考の質が今の苦境を招いています。あなたも、食材の〝質〟にこだわりますよね。質の良い食材を使えば良い商品を作れますが、質の悪い食材では良い商品は作れません。思考の質もこれとまったく同じです。**質の高い思考は良い結果を産み、質の悪い思考はそれに見合った結果を創造します。**

すべては、あなたの思考の反映です。そのためには、まずコンセプトを刷新する必要があります。

商品の軸は変えることなく、これまでの基準ではなく、これからのマーケットの在り方を基準にしたコンセプトを再構築します。もちろん、商品もバージョンアップを行なうことで、それまでよりも魅力的な商品にすることができます。

このように、コンセプト疲労の法則に取り組むことで、それまでの業態から新たなコンセプトを軸とした儲かる新業態へと刷新することができます。当然店舗も新たなコンセプトを具現化するための改装を行なうことで、これまで拾えなかったモチベーションを獲得することが可能となります。

大胆な進化と変化を自ら起こすために新コンセプトを再構築して、新業態として生まれ変わるべきです。

復活ではなく新生です、新コンセプトに根づいた魅力的な新業態と新商品を開発し、これまでの第1章から第5章までの法則を活用し、高い価値の提供と適正価格の設定基準を採用し、すべてを具現化するために店舗のリニューアルをすべきであると、私は考えています。

今日あなたが行なった判断と先送りした判断の結果が、すべて現実のこととして反映されます。それでもあなたはまだ、変わる勇気を持てませんか？　あなたは未来の成功に向けて何を判断しますか？　今、決断をしないと、望まない状況が継続してしまいます。

ぜひ、この「値上げの指南本」を参考にして、勇気ある決断を下してください。

法則
25

商道の法則

「商法」は変化するが、「商道」は変化しない

POINT

- ターゲットは「お客さまの感情」だけであり、「お客さま」という人物像で把握すると判断を誤る
- お客さまの消費に対する感情・欲求・不平・不満・恐怖は時代が変化しても決して変わらない
- 変化する商法に翻弄されずに、お客さまの感情に向き合う「商道の本質」を学ぶべき

ターゲットは常にお客さまの感情

いよいよ最後の法則です。この商道の法則こそ、不変の法則です。

すべての物事は必ず変化・変容します。お客さまの反応も、売れる商品も、集客の方法もすべて変化します。したがって、ビジネスのスタイルも時代の変化とともに変化します。これらは「変化していく」とも表現できますし、「進化している」とか「成長している」とも表現で

きます。しかし、ただ1つ不変のものがあります。

それは、お客さまの感情です。**お客さまの感情だけは常に同じような欲求が存在しており、常に同じように感じ、常に同じような行動をとります。**本書で紹介したすべての法則は、この不変の原理原則がベースとなっています。商道の法則とは、時代性と外部要因に左右されないお客さまの感情を基準とした原理原則です。

本書では、**「ターゲットは〝お客さまの感情〟だけであり、〝お客さま〟という人物像で把握してしまうと判断を誤る」**と繰り返しお伝えしました。

たとえば、一般的に企画段階でターゲットを設定するときに、「20代から50代の女性」などとするケースが非常に多いですが、この設定方法では望んでいる結果を手にする可能性は極端に低くなってしまいます。

そもそも23歳の女性と58歳の女性が同じだと考えられますか？　かたや社会人1年生で年収300万円ほどの女性と、一方58歳の既婚者で世帯収入が700万円ほどある女性の消費行動が同じとはとても思えません。ところが、多くの方が「20代から50代の女性」とひとくくりにしてしまいます。

なぜこのようなことになってしまうのでしょうか？

よくあるのが、開業前にベンチマークとして、ある繁盛店をリサーチしたら、たまたま「ランチタイム」に「20代から50代の女性」が多かったことを知り、「この業態は20代から50代の女性が多く利用するのか」と思い込んでしまいそのまま開業してしまうといったケースです。

参考にした繁盛店のメニューを基準に〝自分なりの工夫〟を加えて、前々から考えていたやりたかったメニューも追加してお店をオープンします。ところが開店したら、想定通りにいきません。「20代から50代の女性」を獲得できるはずだったのに、女性客は少ないといったことになってしまいます。


これは話をわかりやすくするための極端なたとえ話ですが、実際にこれと似たり寄ったりのことはたくさん起こっています。

このようなことが起こってしまう原因は「商道の法則」を理解していないからです。

参考にしたお店は、そのお店としての立地条件がありました。近隣にお住まいの方も、お勤めの方も、平日も週末もそれぞれの背景があります。ご利用いただいている方の収入も、家庭環境もそのお店独自の背景があります。これの要素が複雑に絡み合って、「20代から50代の女性」が「ランチタイム」に多く利用している「現象」が発生していました。

このことを正しく深く理解せずに、**「20代から50代の女性」が「ランチタイム」に多く利用している「現象」という、「景色」と「映像」を見て、「この業態は幅広い女性客にウケる」と誤って認識してしまいます。**理由は、目の前に景色が広がっているから、映像が展開されているから、「そのようなお店にしたい」「そのようなお店を持つことが理想なのだ」と事前に強く理想像をインプットしてしまっているからです。そもそも経営者の頭の中と心の奥底にこれらの要素があるので、事象を正しく理解して判断することができず、自分が感じたい要素、理解したい要素、事前情報の都合の良い部分だけを取り入れて、それを基準に判断してしまいます。そして、「こんなはずじゃなかった」と、悲しい現実が展開されてしまいます。

「20代から50代の女性」が集まる本当の理由

では、参考店の「20代から50代の女性」が「ランチタイム」に多く利用している「現象」は、なぜ発生したのでしょうか？　そして、本当のターゲットはどこにあるのかを分析してみましょう。まず、20代前半の女性と50代女性の味の好みや食べる量が同じとは考えられませんし、使える金額、実際に使う金額も違うでしょう。それにもかかわらず、実際に利用しているのは「20代から50代の女性」です。

ということは、「20代から50代の女性」に共有されている感情と思考のパターンがあり、その結果似たような消費行動をとっていると仮定できます。この仮定を分析することで、初めて本当のターゲットが何かを理解できます。

もしかしたら、このお店を利用していた女性の方たちは、次のようなことを感じていたかもしれません。「普段から健康を意識しているので強い味つけは敬遠したい」とか、「せっかく気の置けない友だちと食事をするので、おしゃれに可愛く食事を楽しみたい」とか、「同性の知人の前でガツガツとお腹いっぱいになるまでは食べられない」とか、「とにかく、食事よりもいっぱいおしゃべりがしたい」などと感じていたかもしれません。このようなことは、年齢に関係なく女性が持っている欲求や、回避したいことや、自分をどう見せたいかとか、同性の知人にどう見られたいかという感情です。

これらの感情をベースとして、「このお店ならゆっくりおしゃべりをしていても大丈夫そう」「ここならおしゃれに楽しむことができそう」「ここは女性客ばっかりだから、話が盛り上がって多少声が大きくなっても目立つことはないかな」など、世代に関係なく女性層が集まってくる業態が出来上がります。最初からそれを意図して業態を開発したのか、偶然そのような消費行動をとるお客さまに発見されたのかは定かではありませんが、とにかく平日のランチタイムには女性客が80％という事象が発生します。

このような感情と思考を共有していたのが、「20代から50代の女性」だったということです。しかし、映像だけを見ると「20代から50代の女性」ばかりが利用していると捉えられるので、お店が提供している商品が、そのような結果を引き寄せていると短絡的に考えてしまいます。すると、「この商品を提供すれば20代から50代の女性がやって来る。この商品はこの層にウケる。ならば、ターゲットは20代から50代の女性に設定しよう」と、なってしまいます。

本質的に把握しなければならないのは、お客さまが共有している感情と思考なのに、「20代から50代の女性」がたくさん利用している景色を見てしまい、ターゲットを「20代から50代の女性」に設定してしまいます。そして、参考にしたお店が提供していた商品を模倣した商品を、自分なりの工夫を盛り込んで提供するということをやってしまいます。似たような食器、盛りつけ、ネーミング、ボリューム感、同様の価格設定で商品を提供します。「ここまで完璧に模倣したのだから結果も同じになるはず」と思いますが、結果はまったく違ってしまいます。

当然、参考店とは出店立地も違っており、狙っていたターゲット層はごく少数しかおらず、想定していたモチベーションはほぼ存在せず、その結果、客数は増えず客単価も低くなり売上確保もままならず、失敗します。

商法に振り回されてはいけません

ターゲットはお客さまの感情であることを常に忘れてはいけません。

お客さまの消費に対する感情・欲求・不平・不満・恐怖だけは、時代がどのように変化しようとも、決して変化しません。また、お客さまが常に抱いている「優良な商品、素敵な体験、価値ある時間を消費したい」という欲求と、「それらを満たすことができなかったら……」というネガティブな感情だけは不変です。この不変の感情と欲求に真摯に対応することが、「商道の法則」です。

ですが、ほとんどのお店は「商法」にばかり目を向けてしまいます。その理由はなぜでしょうか？

これをきちんと理解しないと、「商法」の求道者となってしまいます。すると、「商法ビジネス」の格好の標的となってしまいます。商法ビジネスを販売している人たちは、皮肉なことに「商道の法則」を理解しているため、彼らの商材は売れます。

商法に目がくらんだ経営者は「新しいノウハウとテクニックさえ学べばあなたも成功できますよ！」という甘い話に引っかかって買ってしまいます。でも、実際にはビジネスが成功することは極めてまれです。おまけに、次の最先端ノウハウをすすめられると、つい買ってしまったりします。気づくと「ノウハウコレクター」になってしまいます。そして、残念なことにお店の業績は一向に改善しません。

そうならないためにも、変化する商法に翻弄されずに、お客さまの感情に向き合う「商道の本質」を学ぶべきです。最後にもう一度お伝えします。「商法」は変化しますが、お客さまの感情に向き合う「商道の法則」は不変なのです。

客単価アップは、価値創造を行なうことで確実に実現できます。

おわりに

コロナ禍の影響は、飲食店を直撃しました。

政府の方針により営業時間の短縮を強要され、街からは人が消えました。

その影響は今でも継続しており、客数はコロナ前の水準に戻り切っていません。

マーケットの様相は一変しました。

東京など大都市は客数が戻っている感がありますが、それも一部のエリアに限定されたもので、以前と比較すると客数は10％ほど減少したままです。

この状況下で、コロナ前に戻そうという発想がすでに間違っています。

「戻す」のではなく、「新たなマーケットに対応をする」ことです。

もう、戻ることはなく戻す必要もありません。

早くそのことに気づき、新たな発想にもとづく、これまでにはない手立てを打つべきです。

マーケットには歓迎すべき変化も起きています。

それが、「プチ贅沢体験」です。

「せっかくの外食のチャンスを満足度の高い経験にしたい」という強い欲求が発生しました。

その傾向は現在も継続しており、今後も継続すると予想できます。

このプチ贅沢体験の流行により、お客さまは高い価値を感じられる商品に対しては、適正な価格を支払うことを容認しています。この傾向は、今後ますます顕著になるでしょう。

しかし、サービスを提供する側の飲食店経営者の思考は、前時代の常識と間違った思い込みと恐怖に支配されたままです。飲食業は絶対になくならない、世の中に必要不可欠な業態ですが、残念ながら自然淘汰されるお店は必ず存在します。

常に必要とされるためには、自ら変化・変容を起こしていく必要があります。変化のために必要なことは、考え方の質を高めること、正しい進路に向かって行動を起こすことです。

そのためには、これまでの自己を否定して、お客さまの心理に寄り添うことです。

そして、これまでにない魅力的な商品を開発し、魅力的な業態となることで、必要とされるお店へと進化していくことが、存続を可能にします。

飲食業はレッドオーシャンだとよくいわれますが、私には伸び代だらけのブルーオーシャンに見えています。理由は簡単です、たまたま正しい法則を知らないばかりに、不必要な苦労をしているお店があふれているからです。

ということは、正しい法則を知りお客さまの心理に寄り添い、価値ある商品と体験を提供することで、外食産業はまだまだ成長することができると断言できるからです。

富士経済の調査によると、2023年度の産業規模は32兆円を超え、2024年度は34兆円に達すると予想されています。2029年までに、4210億2000万米ドルに達するという予測まであります。

それだけ、お客さまに必要とされている成長産業です。

私の夢「外食産業を40兆円にする」は、前年対比130％になることで実現します。

これは確実に実現する「小さな現実的な目標」です。1日の売上に換算するとわずかな額です。その額を客単価に換算すると、わずか数百円です。あと1皿、あと1杯消費するだけで達成できる数値です。そう考えると、「外食産業を40兆円にする」という目標は、すでに手の届く目標であると断言できます。

高い価値を創造することで、確実に実現できます。

何度でも言いますが、客単価アップは非常にシンプルで簡単な施策を導入するだけで、誰にでもできます。

そこで、この実現をサポートするために弊社では、2025年2月から「起業塾」と「経営塾」の2つの塾を開塾します。前著と本書の内容を軸に、起業を目指している起業家支援と、すでに起業している経営者の方のステージアップを目的とした塾です。

起業塾のゴールは、実際に起業し繁盛していくこと。

経営塾のゴールは、全店黒字経営はもちろんのこと、新たな事業展開へとステージアップを実現することです。

実践的内容を提供し、経営に必要な知見を会得するお手伝いをさせていただきます。

ぜひ以下よりお問い合わせてください。

http://credo-management.jp/

本書に記した私の学びが、読者の方々に伝わることで1軒でも多くのお店が繁盛し、1人でも多くのお客さまの幸せな体験を創るお手伝いができたのなら、これ以上の幸せはありません。

最後までお読みいただき、ありがとうございました。

２０２４年10月　須田光彦

ブックデザイン / bookwall
本文DTP&図版制作 / 津久井直美
編集&プロデュース / 貝瀬裕一(MXエンジニアリング)

須田光彦（すだ みつひこ）

飲食業特化型プロデューサー
業態開発・商品開発、設計・デザイン、コンサルティングまでをワンストップでサポートする。

1962年北海道生まれ。

16歳で現在の店舗総合プロデュースのビジネスモデルを考えつき、現場経験のために各種飲食店で働く。18歳で上京し、設計とデザインを学び、23歳で設計事務所に入社。初仕事で売上日本一の惣菜店を設計。28歳で起業。設計において業態を深く理解し分析し、顧客心理を踏まえた設計とコンサルティングの垣根がない設計手法を開発。

2008年リーマンショックによりクライアントサイドが資金調達に失敗、その影響でキャッシュフローが悪化し、1年で1億の未払い金が発生、2009年に倒産・破産・離婚を経験する。3年間自殺願望に悩まされていたが、外食産業への熱い想いから2011年に再起業。倒産の経験から多くの学びを得て、それ以降大胆なコンサルティング手法の導入によりクライアントの業績をV字回復させている。

2020年3月フォレスト出版より、『絶対にやってはいけない飲食店の法則25』を出版。

Amazonの外食産業部門において売れ筋ランキング1位を獲得。

これまでメディア出演多数。日本テレビの「有吉ゼミ」の「芸能人の心配な店」では芸能人が経営する飲食店を診断するコーナーにのべ8回出演。

今後は外食産業の成長にさらに寄与し、外食産業を40兆円産業にするのが夢である。

須田光彦公式サイト　http://credo-management.jp/
note　https://note.com/sudamh

飲食店
失敗しない
値上げの法則25

2024年12月1日　初版発行

著　者　須田光彦
発行者　太田 宏
発行所　フォレスト出版株式会社
〒162-0824　東京都新宿区揚場町2-18　白宝ビル7F
電話　03-5229-5750（営業）
03-5229-5757（編集）
URL　http://www.forestpub.co.jp

印刷・製本　中央精版印刷株式会社

ISBN978-4-86680-303-6　Printed in Japan

『飲食店失敗しない値上げの法則25』購入者特典

特別データ

無料プレゼント

著者・須田光彦さんより

本書の理解を深める次の３つのデータをご用意しました。お店を運営する際のご参考にしていただけますと幸いです。

①「上海ガーデン」のメニューブック（変更前／変更後）（PDF）

著者がリニューアル支援した宮崎県日南市の中華料理店「上海ガーデン」の変更前／変更後のメニューブックです。リニューアル前の商品カタログのようなメニューをどのように変更したことで売上アップに成功したのかをご理解いただけます。

②商品の盛りつけ例の写真（PDF）

「法則19　自然集客の法則」で紹介した、ビジュアル効果を発揮するための盛りつけの参考例の写真を集めました。

③「おすすめトーク」の台本サンプル（PDF）

実際に数々のお店に導入して、高い効果が実証されている「おすすめトーク」の台本サンプルです。

特別プレゼントはこちらから無料ダウンロードできます↓

https://frstp.jp/neage25

※特別プレゼントはWeb上で公開するものであり、小冊子・DVDなどをお送りするものではありません。

※上記無料プレゼントのご提供は予告なく終了となる場合がございます。あらかじめご了承ください。